"Nuestro mundo está acosado por t
tan la vida de muchas personas. En
un ancla que pueda ofrecernos estabilidad. Cristo Jesús es esa ancla, pues
prepara e inspira a todos los que confían en Él. En *Anclados en Jesús*, el
veterano pastor Johnny Hunt nos muestra cómo encontrar una base firme
para cualquier entorno inestable. Recomiendo encarecidamente este libro".

Dr. Steve Gaines
Pastor, Bellevue Baptist Church, Memphis, TN

"Mi querido amigo Johnny Hunt ha escrito un libro sobre Jesucristo desde
su corazón. En esta época llena de tormentas y conflictos, de olas y venda-
vales, todos necesitamos un ancla a la cual aferrarnos. Este libro no solo
te cimentará en el Señor Jesús, sino en el *verdadero* Jesús, no el Jesús de
Hollywood sino el del cielo; no el Jesús cultural, sino el Jesús bíblico; no
el Jesús que muchos quieren, sino el Jesús que todos necesitamos. Ya sea
que te encuentres en medio de una tormenta, que estés entrando en una
tormenta, o que estés saliendo de una tormenta, ¡te interesa leer este libro!".

James Merritt
Pastor, Cross Pointe Church, Duluth, GA
Autor de *52 semanas con Jesús*

"Johnny Hunt es una ilustración andante de la vida transformadora de Jesucristo. El mismo título de esta obra, *Anclados en Jesús*, personifica la historia
de la vida y el legado vivo de su testimonio. Hasta el día de hoy y a través de
sus escritos, charlas y liderazgo, el pastor Hunt motiva a miles de personas
a triunfar diariamente con Jesús. Compra este libro, léelo, ¡y obsequia un
ejemplar a un amigo!".

Dr. Ronnie Floyd
Presidente/director general, Southern Baptist
Convention Executive Committee

"Es apropiado que Johnny Hunt escriba una obra con el título *Anclados en
Jesús* porque es exactamente lo que él ha vivido a lo largo de las décadas que
lo he conocido y he aprendido a quererlo. Estas palabras no son únicamente
algún tipo de tratado teórico, sino que prácticamente han sido moldeadas
en el yunque de la experiencia personal de Johnny".

O. S. Hawkins
Presidente/director general, GuideStone Financial Resources

"El ministerio de enseñanza de mi querido amigo Johnny Hunt siempre me
bendice y anima. Esta obra lo hace una vez más. *Anclados en Jesús* nos enseña

cuán suficiente y maravilloso es nuestro Salvador. Este libro conmoverá tu corazón e inspirará en ti una pasión mayor por el Señor Jesús".

Danny Akin
Presidente, Southeastern Baptist Theological Seminary
Wake Forest, NC

"¡El pastor Johnny Hunt se ha basado siempre en Cristo Jesús! Estoy agradecido por su última obra, *Anclados en Jesús*, la cual nos recuerda que Cristo es suficiente y que todavía es el mismo ayer, hoy y mañana. Que este libro encienda nuestros corazones igual que sucedió con los discípulos, que cuando recorrieron el camino con Jesús declararon: '¿No ardía nuestro corazón en nosotros, mientras nos hablaba en el camino?' (Lucas 24:32). Mientras lees este libro podrás escuchar la voz de Jesús: '¡Estás cimentado en *mí*!'".

Jeff Crook
Pastor, Christ Place Church, Flowery Branch, GA

"En este mundo desordenado todos necesitamos un cimiento cuando los vientos y las olas de la vida aúllan sobre nosotros. Mi querido amigo y hermano en Cristo habla de por qué nos es necesario tener un ancla, pero aún más necesario, habla de por qué esa ancla debe ser Jesús. Johnny describe con elocuencia cómo 'la paz que sobrepasa todo entendimiento' solo puede estar amarrada al ancla que se haya asegurada nada menos que por el Creador de tales vientos y olas".

Sonny Perdue
Ministro de Agricultura de los Estados Unidos

"El pastor Johnny ha guiado a miles de pastores, incluso a mí, en lo que significa servir a Jesucristo como pastor fiel. No encontrarás en nuestra generación un hombre más comprometido con la Palabra de Dios, el pueblo de Dios y la Gran Comisión de Dios".

Doctor J. D. Greear
Pastor, The Summit Church, Raleigh-Durham, NC
Presidente, Southern Baptist Convention

"Aunque nunca he estado en el servicio activo del ejército, he pastoreado en una ciudad de la Marina durante veintinueve años. El ancla de la Armada simboliza que no estás a la deriva en medio de vientos y olas. En su libro *Anclados en Jesús,* Johnny Hunt te ayudará a permanecer firme en medio de las corrientes sin rumbo que azotan nuestra cultura".

Ted Traylor
Pastor principal, Olive Baptist Church, Pensacola, FL

ANCLADOS
EN JESÚS

Libros de Johnny Hunt publicados por Portavoz:

Anclados en Jesús: Aferrémonos a la verdad en un mundo a la deriva

Callados: De lo que los hombres no hablan

Derribando fortalezas: Victoria sobre las luchas que te paralizan

ANCLADOS EN JESÚS

Aferrémonos a la verdad en un mundo a la deriva

Johnny Hunt

EDITORIAL
PORTAVOZ

La misión de *Editorial Portavoz* consiste en proporcionar productos de calidad —con integridad y excelencia—, desde una perspectiva bíblica y confiable, que animen a las personas a conocer y servir a Jesucristo.

Traducción: Ricardo Acosta

Imagen de la cubierta © Irtsya, Elmiral, Geo Module / Shutterstock

EDITORIAL PORTAVOZ
2450 Oak Industrial Drive NE
Grand Rapids, Michigan 49505 USA
Visítenos en: www.portavoz.com

ISBN 978-0-8254-5940-5 (rústica)
ISBN 978-0-8254-6854-4 (Kindle)
ISBN 978-0-8254-7688-4 (epub)

1 2 3 4 5 edición / año 29 28 27 26 25 24 23 22 21 20

Impreso en los Estados Unidos de América
Printed in the United States of America

CONTENIDO

Introducción: El poder de vivir diariamente
en Cristo Jesús 9

1. Anclados en el verdadero Jesucristo 13

Parte 1: Jesucristo, la única ancla verdadera

2. Un Mesías que lo cambia todo 29

3. Un Señor que merece devoción. 47

4. Un Salvador como ningún otro. 65

5. Un Sumo Sacerdote que rompe todos los moldes 81

6. Cómo permanecer en Jesús 97

Parte 2: Transformados por Jesucristo

7. Cambiados de adentro hacia afuera 115

8. Mantén la bola en juego. 133

9. El mayor poder del mundo 149

10. ¿Te pareces a tu Padre? 165

Parte 3: Ganar en Jesucristo

11. Pelea la buena batalla de la fe. 185

12. Haz aquello para lo que fuiste llamado 203

Epílogo: Jugar para ganar. 219

EL PODER DE VIVIR DIARIAMENTE EN CRISTO JESÚS

Las carreras tanto de arquitectos como de marineros se apoyan en anclajes sólidos. Un arquitecto utiliza el cimiento para referirse a la sólida piedra angular requerida para cualquier estructura grande. Un marinero usa el ancla física para referirse a lo que mantiene un barco en su lugar a fin de que no se vaya a la deriva en una manera peligrosa. Creo que podemos aprender algo crucial de ambos ejemplos.

Si esperamos vivir con éxito como seguidores de Jesús, necesitamos estar anclados en el cimiento sólido de la piedra angular. Si esperamos llegar a nuestro puerto de destino, necesitamos un ancla fuerte que nos evite naufragar en las dificultades de la navegación.

Para el cristiano, esa ancla es Jesucristo.

Estar anclados en Jesús nos protege de ser "llevados por doquiera de todo viento de doctrina, por estratagema de hombres que para engañar emplean con astucia las artimañas del error". Estar anclados en Jesús nos permite declarar la verdad en amor para que "crezcamos en todo en aquel que es la cabeza, esto es, Cristo" (Efesios 4:14-15).

Estar anclados en Jesús nos posibilitará a ti y a mí dar fruto saludable que produzca una vida de influencia positiva y carácter piadoso. No permitas que alguien te engañe: lo que sucede en privado inevitablemente se vuelve público. Todos participamos constantemente en una batalla interior que tarde o temprano se vuelve externa: "El deseo de la carne es contra el Espíritu, y el del Espíritu es contra la carne; y éstos se oponen entre sí, para que no hagáis lo que quisiereis" (Gálatas 5:17).

¿Conoces a alguien que se sienta frustrado porque no está haciendo lo que ansía hacer? Estoy seguro de que lo conoces; tal vez incluso seas esa persona. Entonces, ¿cómo puedes convertirte en el individuo que Jesús te ha llamado a ser? ¿Es esto posible, dada esta feroz batalla entre la carne y el espíritu? Sé que es posible, pero solo cuando tú y yo nos rindamos más y más al asombroso poder de Cristo.

Pablo describe así nuestra situación: "Andad en el Espíritu, y no satisfagáis los deseos de la carne" (Gálatas 5:16). En otras palabras, cuando pedimos al Espíritu Santo de Dios que nos llene (cuando convertimos en un hábito diario caminar con Cristo Jesús y ser controlados por Él), nuestra vida empieza a cambiar en manera asombrosa.

Parece bastante simple, ¿verdad que sí? ¡Pero todos sabemos que no enfrentamos una lucha fácil! Si queremos "andar en el Espíritu", esta será la batalla de nuestra vida. Más de un hermano creyente me ha dicho: "La vida cristiana no solo es difícil, es imposible". Solo una experiencia constante de tener a "Cristo en nosotros" nos permitirá disfrutar la esperanza de gloria.

Todo mi mundo cambió cuando de joven descubrí que el Señor Jesús había puesto a mi disposición todo lo que necesito a fin de acceder al poder divino que se requiere para vivir en Él. "El estímulo alimenta el entusiasmo", se afirma, y me emociona saber que el mismo Señor que me ha llamado a una vida de obediencia también me ha otorgado la gracia y el poder que necesito para llevar a cabo ese llamado. Todo esto me entusiasma mucho respecto al futuro.

Y puede hacer lo mismo por ti.

En mis primeros años después de llegar a la fe en Cristo Jesús empecé a aprender docenas de principios clave acerca de mi nueva relación con Dios. Antes de aceptar a Cristo atiborré mi vida principalmente de apuestas, bebidas alcohólicas, maldecir a otros, pelear y cosas por el estilo. No había mucho más. Charles H. Spurgeon, famoso predicador inglés del siglo xix, dijo una vez que perdió 80 por ciento de su vocabulario cuando Dios lo salvó. En cuanto a mí, el porcentaje tal vez sobrepasó el 90 por ciento. Al principio, eso significó que mi testimonio por Cristo se centrara principalmente en lo que debía abandonar.

Sin embargo, con el tiempo, creyentes fieles me estimularon a pensar menos en aquello a lo que debía renunciar y más en lo que había recibido. Me preguntaron qué había empezado a hacer *bien* a través del poder de Cristo. Me resulta increíble explicar cómo ha influido este simple cambio de perspectiva.

Hasta el día de hoy me asombra que, cuando Cristo vino a morar en mí, el viejo yo empezó a morir y surgió el nuevo ser. Personalmente puedo atestiguar que Jesús cambia en forma literal nuestros deseos. Empezamos a *querer* hacer lo que le agrada. Es como si una nueva sabia comenzara a correr por nuestras venas. Dios poda las hojas viejas y hace espacio para un nuevo crecimiento.

Hoy día, mi vida tiene que ver con todo aquello en que me convierto en Cristo —la piedad interna, la justicia externa, el fruto de su Espíritu— nada de lo cual puedo producir por mi cuenta. Ya no se trata principalmente de aquello a lo que renuncio, sino más bien de lo que he ganado y de aquello tras lo cual voy.

Oh, ¡cuánto anhelo ser como el Señor Jesús! Ese es mi objetivo, el final del juego. No cabe duda de que el estímulo final de una vida cimentada en Jesús es ser más como Cristo.

Hace años, Eddie Carswell de NewSong escribió un coro que creo que capta esto en forma extraordinaria:

> Jesús, sé Jesús en mí,
> ya no soy yo, sino tú,
> poder de resurrección, lléname,
> Jesús, sé Jesús en mí.[1]

¿Quieres eso? Sé que anhelo ser más como Jesús, reflejar cada vez más a Cristo en mi vida cotidiana. ¿Qué otra vida es digna de seguir para cualquier individuo que afirma seguir a Jesús? Es más, esta es la *única* vida digna de anhelar.

Que Dios nos ayude a ti y a mí a seguir a nuestro amado Maestro, a permitirle que nos transforme y a pelear la buena batalla en su poder. Y que su Espíritu nos recuerde diariamente que *todo* empieza cuando nos aseguramos que estamos anclados en Jesús.

---

1. "Jesus, Be Jesus in Me", por Eddie Carswell, © 1984, usado con permiso.

1

ANCLADOS EN EL VERDADERO JESUCRISTO

Al final del camino, nada es más importante que conocer a Jesús y ser conocidos por Él.

Eso tiene especial importancia hoy día, porque vivimos en una era de proliferación de falsificaciones. Dinero falso, productos falsificados, identidades falsas e incluso aceite de oliva extra virgen falsificado. Se calcula que estas falsificaciones cuestan cada año a la economía mundial cientos de miles de millones de dólares. No obstante, ninguna de ellas se acerca al caos creado por la fe falsificada.

Nunca en la historia hemos visto tantas versiones falsas de Jesucristo como vemos hoy día. Si una iglesia predica una verdad bíblica que ofende a algunas personas, estas simplemente se van y buscan un lugar que las haga sentir más cómodas. Eso a menudo implica falsificar a Jesús.

¿Te ofende un Jesús santo que odia el pecado? Entonces buscas un Jesús que no haga nada que ofenda a nadie. ¿Es más de tu estilo un Jesús de fuego y azufre? Afortunadamente para ti, no es difícil hallar un grupo que se obsesiona con el juicio divino. ¿Quieres un

Jesús que te prometa riqueza y comodidad? Casi en todas partes encuentras esa clase de Cristo falsificado.

Por supuesto, para aceptar tales falsificaciones debemos dejar a un lado nuestra Biblia. Debemos cambiar el verdadero Cristo Jesús de las Escrituras por una adulteración que nos permita adoptar una fe sesgada que coincida con nuestro comportamiento impío.

Nunca antes se había visto una mezcla tan variada de "opciones de Jesús" como se ven hoy día. Y nunca en la historia hemos necesitado más desesperadamente anclarnos en el verdadero Jesucristo y en su carácter inmutable que describe su Palabra eterna. Jesucristo es *la* mayor revelación de Dios, mientras que la Biblia es la segunda revelación más grande de Dios (solo después de Cristo mismo). Si quieres cimentarte en Jesús, asegúrate de evitar algunas falsificaciones comunes.

El Jesús que "no ofende"

Muchas iglesias modernas te invitan a asistir a sus cultos de adoración, donde no tendrás que preocuparte por sentirte ofendido o culpable. Abogan por un Jesús falso que nunca te dirá nada que no quieras escuchar. Estas iglesias te animan a definir la verdad tal como la ves y aplicarla en tal forma que no te requiera cambiar nada de lo que haces.

Estos grupos se han olvidado de la palabra *arrepentimiento*, pero el verdadero Jesús declaró: "Todos ustedes perecerán, a menos que se arrepientan" (Lucas 13:3, NVI). Los predicadores de este Cristo falsificado deben mantenerse vigilantes, porque para defender la mentira deben saltarse o pasar por alto innumerables verdades obvias en las Escrituras. El mantra para estas organizaciones cuando se les cuestiona su enseñanza es: "Bueno, esa es tu interpretación".

Sin embargo, ten en cuenta que la Biblia se escribió en el lenguaje de la gente común para que *todo* el mundo pudiera comprender las verdades sencillas de Dios. El autor Randy Alcorn dice a menudo:

"Un instante después de nuestra muerte sabremos exactamente cómo debimos haber vivido". ¡Una perspectiva adecuada de la muerte tiene una manera de darnos gran claridad al modo en que un individuo debería vivir!

Los mensajes bíblicos claros y convincentes han señalado a menudo algún pecado en mi propia vida. En esos momentos empiezo a tener una sensación de vergüenza, culpa y temor. Pero estoy muy agradecido de que, cuando me humillo y me arrepiento de mi pecado, recibo perdón, misericordia y clemencia incondicionales de Dios. Aunque hoy día muchos buscan un Jesús que no los haga sentir culpables, sé que nunca experimentaré la convicción divina que me lleve a buscar la gracia de Dios si no tengo la capacidad de sentir ninguna culpa. En su misericordia, Dios me ama como soy, pero me ama demasiado para dejarme como soy. La culpa despertada por Dios puede hacerme exclamar: "Señor, perdóname por favor. Estoy equivocado". Luego me acerco a la persona contra la que pequé y busco su perdón.

Dios usó la culpa inducida por el Espíritu Santo para inspirar al salmista a escribir:

> Examíname, oh Dios, y conoce mi corazón;
> Pruébame y conoce mis pensamientos;
> Y ve si hay en mí camino de perversidad,
> Y guíame en el camino eterno (Salmo 139:23-24).

Gracias a Dios que el Espíritu Santo me convence de mi culpa y me ofrece la gracia de Dios. En la primera reunión de domingo por la noche a la que asistí, el Espíritu me convenció de mi pecado, me convertí a Jesús y me volví seguidor de Cristo.

El Jesús de "olvídate del Antiguo Testamento"

A la mañana siguiente de profesar mi fe en Cristo, mi esposa me compró mi primera Biblia. Desde el primer día me encantó la Palabra de Dios. Todo era nuevo para mí, muy revelador y refrescante.

Pronto leí, en lo que muchos consideran el más grandioso libro de doctrina y teología en toda la Biblia, algo que Pablo escribió sobre el poder y la autoridad de las Escrituras:

> Sabemos que todo lo que la ley dice, lo dice a los que están bajo la ley, para que toda boca se cierre y todo el mundo quede bajo el juicio de Dios; ya que por las obras de la ley ningún ser humano será justificado delante de él; porque por medio de la ley es el conocimiento del pecado. Pero ahora, aparte de la ley, se ha manifestado la justicia de Dios, testificada por la ley y por los profetas; la justicia de Dios por medio de la fe en Jesucristo, para todos los que creen en él. Porque no hay diferencia, por cuanto todos pecaron, y están destituidos de la gloria de Dios (Romanos 3:19-23).

Al estudiar pasajes como estos siendo cristiano recién nacido, comencé a crecer en la Palabra y a través de ella. Estoy muy agradecido a Dios por la Biblia. Recuerdo haber escrito en la solapa de mi primera Biblia: "La Biblia te mantendrá lejos del pecado y el pecado te mantendrá lejos de la Biblia". La B-I-B-L-I-A, sí, ¡ese es el libro para mí!

Aprendí que Jesús está encubierto en el Antiguo Testamento y revelado en el Nuevo. Muchos pasajes del Antiguo Testamento, comenzando con Génesis 3, hablan de la provisión de Dios para mi pecado a través de la venida del Mesías, Jesucristo nuestro Señor. Empecé a memorizar muchos grandes pasajes del Antiguo Testamento, como el Salmo 22 e Isaías 53. En textos como estos, nuestro fiel Dios recordó a su antiguo pueblo que del linaje *de ellos* vendría el Mesías a redimir a todo aquel que pusiera su fe en Él. Cada Navidad, mi caminar espiritual recibía gran estímulo al leer las profecías del Antiguo Testamento, dadas cientos de años antes del nacimiento de Jesús y que encontrarían su cumplimiento en Cristo.

El Nuevo Testamento entonces recurre al Antiguo para mencionar a los individuos a través de los que el Mesías había venido.

¿Quién no se ha sentido bendecido al escuchar las grandes y antiguas victorias de Dios cuando peleó por su pueblo? Pablo nos narra incluso que la Roca que siguió a los israelitas en el desierto fue Cristo mismo (1 Corintios 10:4). En resumen, doy gracias a Dios por mi Biblia, tanto el Antiguo como el Nuevo Testamento.

Sin embargo, henos aquí en el siglo XXI, con un creciente número de "iglesias" contemporáneas que atacan al Antiguo Testamento y siembran dudas y confusión entre el pueblo de Dios. Nunca olvides que el Jesús que adoramos como nuestro Salvador y Mesías dio repetidamente su aprobación inequívoca a *todo* el Antiguo Testamento. Cuán bendecidos somos al saber que Jesús se refirió frecuentemente al Antiguo Testamento, usando incluso la historia de Jonás para representar su propia resurrección. Jesús insistió en que la Palabra de Dios —que en la época de Cristo solo incluía el Antiguo Testamento, ya que el Nuevo aún no se había escrito— "no puede ser quebrantada" (Juan 10:35). Él dejó bien en claro que lo que el Antiguo Testamento declara, Dios lo declara (véase Mateo 22:30-32). La Biblia *desconoce* totalmente a un Jesús que hubiera rechazado el Antiguo Testamento. Al contrario, Él a menudo dice cosas como esta:

> No penséis que he venido para abrogar la ley o los profetas; no he venido para abrogar, sino para cumplir. Porque de cierto os digo que hasta que pasen el cielo y la tierra, ni una jota ni una tilde pasará de la ley, hasta que todo se haya cumplido (Mateo 5:17-18).

Entonces, si Jesús declaró públicamente un compromiso tan incondicional con toda la Biblia, ¿cómo podemos hacer lo contrario? No podemos, si queremos estar totalmente anclados en Él.

¿Significa esto que comprendo todo lo que Dios hizo en el Antiguo Testamento? No. Sin embargo, no tengo problema en creer que el Dios del Antiguo Testamento es el Dios del Nuevo Testamento. Jesús se refirió a su Padre como el Dios de Abraham, Isaac y Jacob, y los apóstoles hicieron lo mismo, incluso después de Pentecostés (Lucas 20:37; Hechos 3:13); y desde luego, el Dios de Abraham, Isaac y Jacob es el Dios del Antiguo Testamento.

Aunque podemos ver más ejemplos de juicio en el Antiguo Testamento, vez tras vez ese mismo Dios de juicio muestra increíbles actos de misericordia y perdón. Vemos a nuestro Padre celestial extendiendo su poder contra su propio pueblo en severos actos de disciplina; y luego, cuando los israelitas se arrepienten, Él usa esa misma mano poderosa para juzgar a las naciones paganas que los maltrataron.

El Jesús de "el Espíritu triunfa sobre la Palabra"

He llegado a entender que Dios el Espíritu Santo y las Sagradas Escrituras nunca discrepan. Hablan con una sola voz: la voz del Dios todopoderoso.

¿Has oído a alguien decir que el Espíritu Santo le haya dicho que hiciera algo totalmente opuesto a las Escrituras? Yo sí, y ten la seguridad de que el Espíritu Santo no dijo tal cosa. Él nunca habla en oposición a la misma Palabra que inspiró. ¿Por qué lo haría? Cuando creemos que el Señor nos guía y que hemos escuchado su pequeña y apacible voz, la guía que creemos haber recibido siempre puede confirmarse con las Escrituras.

Estar controlados por el Espíritu es andar según la Palabra. Estar llenos del Espíritu es obedecer la Palabra de Dios. Aunque la Palabra de Dios sin el Espíritu de Dios es impotente, el Espíritu de Dios sin la Palabra de Dios no tiene dirección. Estar llenos del Espíritu y de la Palabra es estar anclados en Jesús.

El Jesús de "la doctrina no importa"

Hoy día muchos cristianos profesos están muy poco comprometidos con la doctrina bíblica. Tal falta de compromiso hace que muchos de ellos se sumerjan en las peligrosas aguas de la confusión y la falsa enseñanza. Piensa en que la Biblia enseña la *doctrina* de que Jesús está "lleno de gracia y de verdad" (Juan 1:14). Ahora, ¿está lleno de gracia y de verdad todo el tiempo, o a veces está lleno de gracia y otras veces lleno de verdad?

La Biblia deja en claro que Jesús *siempre* está lleno *tanto* de gracia *como* de verdad. Por eso es que las Escrituras nos enseñan que hablemos "la verdad en amor" (Efesios 4:15). No debemos separar estos dos aspectos. El imperativo de Dios para nosotros siempre los incluye a ambos.

¿Recuerdas cuando Jesús predijo la negación de Pedro, aunque aquel gran pescador declaró impetuosamente su compromiso eterno? En esa profecía, Jesús habló la verdad en gracia. Declaró gracia al advertir que Pedro lo negaría, y verdad al insistir en que todo resultaría como afirmó (aunque sus palabras dolieran).

Hagamos la pregunta aún más dramática. ¿Estaba Jesús *todavía* lleno de gracia cuando le dijo a su mejor amigo: "¡Quítate de delante de mí, Satanás!" (Mateo 16:23)? ¿No es eso algo muy duro? Sí, pero tener gracia no necesariamente significa ser agradable. La Biblia nos recuerda: "Fieles son las heridas del que ama; pero importunos los besos del que aborrece" (Proverbios 27:6). También manifiesta: "Corrige al sabio, y te amará" (Proverbios 9:8b).

Cuando las Escrituras nos enseñan que Jesús está "lleno de gracia", quiere decir que Él *siempre* hará por nosotros lo que sea necesario para acercarnos a su semejanza. Sea que necesitemos aliento, reproche, esperanza o convicción, la gracia de Jesús nos proveerá esto. Jesús es un amigo absolutamente fiel. Por eso:

- Jesús nos ama, pero se niega a adularnos.
- Jesús nos ama como somos, pero nos ama demasiado para dejarnos como somos.
- Jesús nos dice la verdad, aunque duela, a fin de ayudarnos.

Todos necesitamos un amigo fiel, y ni tú ni yo podemos tener un amigo más íntimo que Jesús. *Eso* es gracia. Él siempre estuvo (y está) lleno de gracia, pero eso no significa que siempre parezca agradable cuando nos está bendiciendo con esa gracia (véase Romanos 11:22). Estar cimentado en Jesús significa estar aferrado a la sana doctrina (véase 1 Timoteo 1:8-11; 6:3-5; Tito 1:7-9; 2:1-5).

El Jesús de "no me importa cómo actúes"

Al quedar anclados en Jesús, Él es fiel para convencernos de lo malo y exponer nuestro pecado a fin de obtener su gracia y verdad en nosotros. Cuando asimilamos esta verdad en nuestra vida, se convierte en parte de nuestro ADN; y cuando eso empieza a suceder, nuestra conducta comienza a mostrar nuestras creencias.

Mientras caminamos juntos en *Anclados en Jesús*, veremos cómo cada capítulo trata temas que salieron directamente del corazón y la boca de Jesús. Muchas veces, el Espíritu Santo inspiró más tarde a los seguidores de Cristo a desarrollar aún más las verdades que escucharon y que los había transformado. El verdadero Jesús, en quien debemos cimentarnos, nos dio advertencias y estímulos para que supiéramos cómo cooperar con su Espíritu para ver nuestras vidas transformadas.

Cuando me convertí en cristiano pasé la mayoría de mis primeros años pensando en los cambios que habían venido a mi vida, y en todas las cosas malas que ya no hacía. Sin embargo, al comenzar a crecer, mi atención cambió. Comencé a enfocarme más en las cosas buenas y nuevas que Jesús había traído a mi vida.

Descubrí que su gracia me otorgó el poder para obedecer e incluso para cambiar mis deseos. Ahora *quería* hacer lo que le agradaba. Pronto comencé a mostrar el fruto de una nueva vida en Cristo. Jesús nos ayuda a volvernos piadosos.

No asombra que Pablo animara a los nuevos convertidos a seguirlo mientras *él seguía a Cristo*. Les manifestó: "Sed imitadores de mí, así como yo de Cristo" (1 Corintios 11:1). Un cristiano anclado en Jesús empieza a ser cada vez más como Cristo. Pablo mencionó la semejanza a Cristo como su objetivo más preciado (véase Filipenses 3). Ser piadoso es mostrar habitualmente en tu vida el fruto de la vida de Cristo. Ah, ¡cuánto deseo ser un creyente piadoso!

Orientémonos

Permíteme darte una rápida visión general de lo que hallarás en *Anclados en Jesús*. He hallado que, cuando logro imaginar lo que viene, eso me ayuda a entender una idea o un conjunto de conceptos, y espero que lo que sigue te ayude a orientarte en nuestro recorrido juntos.

En la Parte 1, nos centraremos en Jesucristo mismo. ¡Basta de falsificaciones! ¿Cómo es el verdadero Jesús y cómo nos instruye a fin de vivir en este mundo para nuestro beneficio y para la gloria de su Padre? Pasaremos un tiempo apreciando cuatro valiosas descripciones de nuestro Señor que nos ofrece el Nuevo Testamento: Mesías, Señor, Salvador y Sumo Sacerdote. Al concluir la sección escucharemos del mismo Jesús cómo "permanecer" en Él, una clave indispensable para cualquier persona que quiera crecer en Cristo y vivir su propósito en la vida.

En la Parte 2, nuestro enfoque estará en desarrollar la clase de "fruto" que Jesús desea que todos sus seguidores produzcan. Ese proceso empieza *internamente* y luego se dirige a las cualidades y acciones *externas* a través de las cuales otros pueden ver la gloria de Dios en nosotros. El fruto del Espíritu en nuestras vidas hace posible esto, y solo Cristo Jesús puede producir ese fruto.

A medida que entregamos nuestra vida al control de Cristo, Él manifiesta su vida en nosotros y a través de nosotros. Es importante recordar que el fruto espiritual no crece para nuestro beneficio, sino para el de aquellos a quienes servimos. Es la vida de *Cristo* reproducida en *nosotros* para *su* gloria. Otros ven nuestras obras (nuestro fruto) y glorifican a nuestro Padre en el cielo (véase Mateo 5:16).

Al vivir en una época de falsificaciones, no debería sorprendernos que por todas partes aparezca fruto falso. Lo falso es fácil de producir y en algunas maneras se asemeja al verdadero fruto espiritual. No obstante, el verdadero fruto espiritual perdura incluso en tiempos difíciles, mientras que el fruto falso se seca y desaparece. El fruto del Espíritu requiere tiempo y disciplina para crecer y reverdecer más en nuestra vida. Jesús ministra a otros por medio del fruto que desarrolla en nosotros.

Supongo que tres de las palabras más utilizadas en la fe cristiana son *amor, gozo y paz.* Cuando el *amor* de Juan 3:16 se vuelve una realidad para nosotros, experimentamos el *gozo* de Juan 15, un gozo que permanece. La Biblia nos dice que podemos disfrutar de "paz para con Dios" a través de la fe en Jesucristo, que nos lleva a la "paz de Dios" (véase Romanos 5:1-5). La *paz* es una serenidad interior que nos controla, sin importar nuestras circunstancias externas. Dios demostró su *amor* por nosotros mientras aún éramos pecadores, enviando a su Hijo a la tierra a fin de proporcionarnos una manera de entrar a su presencia. En la cruz, la guerra terminó y vino la *paz* de Dios. Como resultado de la obra de Jesús en el Calvario, y por medio de la fe, en lo más profundo podemos experimentar el *gozo* de Dios. Se han escrito más himnos acerca de estas tres palabras —*amor, gozo* y *paz*—que de cualquier otra encontrada en las Escrituras.

Dado que todos estos dones están anclados en Jesús, aferrarnos a Él nos otorga la capacidad de vivir con los demás en forma diferente. A medida que su amor se arraiga cada vez más en nosotros, florecen características relacionadas como paciencia, bondad, misericordia, fe, humildad y dominio propio. Así como Cristo nos mostró paciencia, ahora podemos mostrarla a otros. Nosotros también podemos pasar por alto el maltrato que otros nos hacen y mostrarles misericordia. Es más, cuando nos cimentamos en Jesús, podemos hacer realmente buenas obras a quienes nos han ofendido. La pregunta *¿Qué haría Jesús?* adquiere más importancia cuando tratamos a otros como Jesús nos trata. También podemos mostrar misericordia incluso cuando no nos la extienden. ¿Cómo es posible esto? Jesús hace que suceda.

Al "dominio propio" lo llamo la cualidad más importante, porque la necesito con desesperación, especialmente cuando me altero. Mi temperamento, mi actitud y mis deseos requieren autocontrol. Repito, por mí mismo no puedo convertirme en el hombre que Cristo Jesús me llama a ser. Solo cuando su fruto crece en mí puedo llegar a ser quien Él quiere que yo sea. Las palabras "de todo se abstiene" en 1 Corintios 9:25 describen el atributo clave que el autocontrol muestra: "Todo aquel que lucha, de todo se abstiene; ellos, a la verdad, para recibir una corona corruptible, pero nosotros, una incorruptible. Así que, yo de esta manera corro, no como a la ventura; de esta manera peleo, no como quien golpea el aire, sino que golpeo mi cuerpo, y lo pongo en servidumbre, no sea que habiendo sido heraldo para otros, yo mismo venga a ser eliminado" (1 Corintios 9:25-27). Al tener dominio propio nos preparamos para convertirnos en poderosos hombres de Dios.

En la tercera y última sección de *Anclados en Jesús* quiero que nos animemos a pelear la buena batalla de la fe. ¡Sigue con energía y diligencia cualquier senda que Dios te haya llamado a seguir! El Señor quiere que tú y yo juguemos para ganar, por lo que al final de este libro intento estimularnos hacia el llamado supremo que Jesús tiene en mente para cada uno de nosotros.

Posición por sobre ubicación

Para el cristiano, la ubicación no es tan importante como la posición. El apóstol Pablo solía iniciar sus escritos con palabras como estas: "A todos los santos en Cristo Jesús que están en Filipos". Observa "en Cristo Jesús" (posición) y "en Filipos" (ubicación). Lo *auténtico* viene cuando estamos en Cristo Jesús. Nada supera al hecho de estar en Jesús y anclados en Él.

Siempre me ha gustado el libro de Santiago, escrito por el medio hermano del Señor. Muchos eruditos se refieren a Santiago como el "teólogo práctico" del Nuevo Testamento. Él nos alienta a ser "hacedores de la palabra" (Santiago 1:22) e insiste en que cada creyente debe ser hacedor que actúa (Santiago 1:25). Me he esforzado por seguir el consejo de Santiago en mi vida y en mi ministerio, pero sé que a menudo aún me resulta más fácil centrarme mayormente en lo que hago que en quién soy y a quién pertenezco.

Sin embargo, cuando nos cimentamos en el verdadero Jesucristo de las Escrituras, el "hacer" tiende a seguir mucho más naturalmente al "ser". Al vivir anclados en Jesús, nuestro carácter se vuelve más coherente, cambiándonos para siempre. Como resultado, Gálatas 2:20 se desarrolla cada vez más en nuestra vida:

> Con Cristo estoy juntamente crucificado, y ya no vivo yo, mas vive Cristo en mí; y lo que ahora vivo en la carne, lo vivo en la fe del Hijo de Dios, el cual me amó y se entregó a sí mismo por mí.

La vida que llevamos ahora, anclados en Jesús, surge de la fidelidad de Dios. Sus atributos se vuelven cada vez más nuestros atributos. ¡Qué pensamiento más maravilloso! Como cristiano, ¿quisieras eso? Anhelo que las palabras de Pablo se apliquen a mí, de modo que andaré "como es digno del Señor, agradándole en todo, llevando fruto en toda buena obra, y creciendo en el conocimiento de Dios" (Colosenses 1:10).

Anclarnos en Jesucristo es la *única* manera de hacer que eso suceda. Y el mejor enfoque que conozco para establecer firmemente en su lugar ese cimiento es asegurarlo en el carácter poderoso, inmutable y soberano del Señor Jesucristo mismo. Así que empecemos la parte inicial de nuestro viaje recreándonos en la maravillosa descripción que la Biblia hace de Jesús como el Mesías, el Hijo de Dios.

JESUCRISTO, LA ÚNICA ANCLA VERDADERA

2

UN MESÍAS QUE LO CAMBIA TODO

A finales de 2017, Netflix anunció que crearía una serie de televisión de diez episodios titulada *Mesías*. Informaron que la serie describiría "la reacción del mundo moderno ante un hombre que aparece primero en el Medio Oriente, creando una oleada de seguidores a su alrededor y afirmando ser el Mesías. ¿Es este hombre un enviado de Dios o un fraude peligroso empeñado en desmantelar el orden geopolítico del mundo?".[2]

¿Qué te viene a la mente cuando escuchas la palabra *Mesías*? El vocablo mismo significa "ungido" y originalmente se refería a alguien ungido con aceite y apartado para una misión especial. Con el tiempo llegó a referirse a un siervo único de Dios, enviado por el Señor mismo para arreglar el mundo. El Antiguo Testamento contiene muchas profecías sobre este Mesías, quien los cristianos creen que apareció en la tierra en el siglo primero en la persona de Jesucristo (la palabra *Cristo* es la forma griega del título hebreo *Mesías*).

---

2. "*Messiah* Release Date: December 12 2019", *Wild About Movies*, https://www .wildaboutmovies.com/netflix/Messiah/.

Los productores de la serie *Mesías* preguntaron: "¿Qué ocurriría si alguien apareciera en 2018 en medio de extraños sucesos y se creyera que fuera el Mesías? ¿Qué haría la sociedad? ¿Cómo informarían sobre él los medios de comunicación? ¿Renunciarían millones a sus trabajos? ¿Colapsarían gobiernos? Esta es una serie que podría cambiarlo todo".[3]

La serie aún no se había transmitido cuando escribí este libro, por lo que no sé si de verdad podría "cambiarlo todo". Pero sí sé que el verdadero Mesías cambió realmente todo… y todavía está cambiándolo todo hoy día.

La gloria del Mesías celestial

Jesús no fue un Mesías común; es más, las Escrituras afirman que vino del cielo a la tierra por orden de su Padre celestial. Por eso, el Nuevo Testamento a menudo identifica a Jesús como "el [Mesías], el Hijo de Dios" (por ejemplo, Mateo 16:16; 26:63; Marcos 1:1; Juan 11:27). Juan incluso dice que escribió su evangelio "para que creáis que Jesús es el Cristo, el Hijo de Dios, y para que creyendo, tengáis vida en su nombre" (Juan 20:31). Entonces, por una buena razón el apóstol Pablo pudo llamar a Jesús "Cristo, el cual es Dios sobre todas las cosas, bendito por los siglos" (Romanos 9:5).

Uno de los títulos favoritos que Jesús se atribuyó fue "el Hijo del Hombre", y dejó pocas dudas acerca de su lugar de origen: "Nadie subió al cielo, sino el que descendió del cielo; el Hijo del Hombre, que está en el cielo". Poco después declaró: "El que de arriba viene, es sobre todos" (Juan 3:13, 31). Y, en caso de que alguien malinterpretara esto, Él dijo incluso más explícitamente: "He descendido del cielo, no para hacer mi voluntad, sino la voluntad del que me

---

3. Denise Petski, "'Messiah': Netflix Orders Religious Drama Series from Mark Burnett and Roma Downey", *Deadline*, 16 de noviembre de 2017, https://deadline.com/2017.11messiah-netflix-orders-drama-series-mark-burnett -roma-downey-james-mcteigue-direct-1202208898/.

envió" (Juan 6:38). Cuando unos dirigentes religiosos se quejaron de las afirmaciones de Jesús, Él declaró: "Como me envió el Padre viviente, y yo vivo por el Padre, asimismo el que me come, él también vivirá por mí. Este es el pan que descendió del cielo… el que come de este pan, vivirá eternamente" (Juan 6:57-58).

Si bien Jesús usó a menudo un lenguaje metafórico, dejó en claro que Él es el Mesías, el "Dios Fuerte" de Isaías 9:6. Me pregunto si el apóstol Pablo tenía en mente el texto de Isaías cuando describió a Jesús como "siendo en forma de Dios" (Filipenses 2:6). La palabra *siendo* resalta la esencia de la naturaleza de una persona, su estado o condición continua. Es más, Jesús *siempre* ha sido Dios; en ningún momento *no* fue Dios. Jesús es Dios hoy, y en ningún momento futuro dejará de ser Dios. Jesús es eternamente Dios.

Ver a Jesús es ver a Dios

El apóstol Juan nos informa: "A Dios nadie le vio jamás; el unigénito Hijo, que está en el seno del Padre, él le ha dado a conocer" (Juan 1:18). El Señor Jesús se encarnó para explicar, declarar y dar a conocer quién es Dios. Si quieres conocer cómo es Dios, entonces mira a Jesucristo. Si quieres saber lo que Dios dice a la humanidad, entonces escucha a Jesús. Si quieres saber cómo Dios se representa ante el mundo, entonces observa la vida de Cristo.

Un día, Jesús y un discípulo llamado Felipe tuvieron una breve conversación sobre el tema.

> Felipe le dijo: Señor, muéstranos el Padre, y nos basta. Jesús le dijo: ¿Tanto tiempo hace que estoy con vosotros, y no me has conocido, Felipe? El que me ha visto a mí, ha visto al Padre; ¿cómo, pues, dices tú: Muéstranos el Padre? ¿No crees que yo soy en el Padre, y el Padre en mí? Las palabras que yo os hablo, no las hablo por mi propia cuenta, sino que el Padre que mora en mí, él hace las obras (Juan 14:8-10).

Conocer a Jesucristo es conocer a Dios. No es de extrañar que, cuando Jesús les habló a los fariseos, pudo decirles: "De cierto, de cierto os digo: Antes que Abraham fuese, yo soy" (Juan 8:58). Jesús usó el nombre especial de pacto de Dios para referirse a sí mismo, traducido "Yo soy" (*eimi* en griego, *YHWH* en hebreo). Gramaticalmente, no tiene más sentido en español que en griego decir: "Antes que Abraham fuese, yo soy". Tendría mucho más sentido expresar: "Antes que Abraham fuese, yo existía", pero a Cristo Jesús le importaba mucho más la verdad teológica que la exactitud gramatical, y tuvo toda la intención de declarar: "Yo soy el Dios todopoderoso, el *Jehová* que conocen del Antiguo Testamento" (Juan 8:57-59). Jesús es el eterno Hijo de Dios, el "Dios Fuerte" de Isaías 6:9.

Cuando miras a Jesús, estás contemplando el rostro de Dios. Pablo dijo que Jesús es "la imagen del Dios invisible, el primogénito de toda creación" (Colosenses 1:15). La palabra griega traducida "imagen" es el término del que obtenemos nuestra expresión en español *ícono,* que se refiere a una copia o semejanza.

Los antiguos usaban la palabra *imagen* para describir un grabado en madera o metal, la marca en la piel de un animal, una impresión en arcilla, o una efigie estampada en algún otro medio. Cuando Jesús llegó a este mundo, el planeta Tierra tuvo a "Dios" estampado por todas partes.

¿Sabes que la imagen de Dios está estampada en *tu* alma? Nunca encontrarás un significado real en la vida a menos que comprendas que no fuiste simplemente hecho *por* Dios; fuiste hecho *para* Dios. ¡Él quiere que lo representes en este mundo! *Eres* el ícono de Dios para alcanzar los hombres y mujeres alejados de Él.

La esperanza del Mesías prometido

Vivimos en un mundo que desesperadamente necesita esperanza. En nuestra tierra enferma reina la muerte, a menudo triunfa la maldad y con demasiada frecuencia parece ausente la esperanza. Como

Dios conoce nuestra desesperada condición mejor que nosotros, casi desde el mismo principio enlazó su Palabra con brillantes marcadores de esperanza. Y los más brillantes y deslumbrantes de esos marcadores fueron sus reiteradas promesas de un Mesías venidero.

Dios entregó el primer marcador de esta clase inmediatamente después que Adán y Eva pecaron. Después que el Señor pronunció sentencia sobre ellos también ofreció a la pareja culpable un brillante rayo de esperanza. Le dijo a la serpiente que los había engañado:

> Pondré enemistad entre ti y la mujer, y entre tu simiente y la simiente suya; ésta te herirá en la cabeza, y tú le herirás en el calcañar (Génesis 3:15).

Con frecuencia, los estudiosos de la Biblia llaman a este versículo "la primera mención del evangelio", porque profetiza en forma velada tanto la derrota de Satanás como el triunfo del Mesías por medio de la cruz.

Durante siglos, el Señor añadió promesa tras promesa y detalle tras detalle concerniente a este Mesías venidero, refiriéndose siempre al día en que proporcionaría salvación a su pueblo y redención a su creación. En la época de Jesús, los judíos tenían grandes expectativas por la llegada del Mesías, preguntándose incluso si Juan el Bautista podría ser aquel de quien se había profetizado (véase Juan 7:40-43).

Poco después que Jesús comenzara su ministerio público, las multitudes que escuchaban sus palabras y observaban el comportamiento del Maestro, y que quedaron boquiabiertas ante sus milagros, comenzaron a preguntarse: *¿Podría este ser el Mesías?* Algunos dijeron "sí", otros dijeron "no", y la mayoría de ellos no se atrevieron a comprometerse en un sentido u otro. El Evangelio de Juan nos ofrece muy buena información sobre la situación:

- "Andrés… halló primero a su hermano Simón, y le dijo: Hemos hallado al Mesías" (Juan 1:40-41).

- "¿Habrán reconocido en verdad los gobernantes que éste es el Cristo?" (Juan 7:26).

- "El Cristo, cuando venga, ¿hará más señales que las que éste hace?" (Juan 7:31).

- "Otros decían: Este es el Cristo. Pero algunos decían: ¿De Galilea ha de venir el Cristo? ¿No dice la Escritura que del linaje de David, y de la aldea de Belén, de donde era David, ha de venir el Cristo? Hubo entonces disensión entre la gente a causa de él" (Juan 7:41-43).

En realidad, tanto la ley como los profetas habían dado testimonio durante siglos de la venida del Mesías. Aunque ni el pueblo común ni sus estudiosos tenían una imagen clara del Mesías, su Biblia (el Antiguo Testamento) contenía toda la información requerida para identificarlo. El problema era que el Antiguo Testamento presenta lo que *parecen* dos imágenes contrastantes del Ungido. Mientras algunos textos lo describen como un rey conquistador, otros lo representan más como un Salvador sufriente. ¿Cómo podían ambos estar en lo cierto?

Más que una curiosidad histórica

He visitado Israel muchas veces y, en uno de los viajes, quise subir al monte del Templo. Llegué un viernes, durante la observancia musulmana del Ramadán. Desde el mediodía hasta las 2:00 de la tarde, unos trescientos mil musulmanes llenaron aquel espacio sagrado para su llamado a la oración. Por siglos, los musulmanes han controlado el monte del Templo, construyendo allí tanto la Cúpula de la Roca como la mezquita Al-Aqsa. Los arqueólogos no saben exactamente dónde se encontraba el templo de Herodes, pero sabemos que era en el monte del Templo. Sin embargo, durante fiestas como el Ramadán, los judíos no pueden orar allí, no sea que se provoquen disturbios.

Entonces, ¿a dónde van a orar los judíos? Se dirigen al Muro de los Lamentos, un nivel más abajo. Allí es donde fuimos nosotros también. Visité el Muro de los Lamentos y oré promesas bíblicas.

¿Qué tiene de especial el Muro de los Lamentos? Cuando los romanos destruyeron Jerusalén en el año 70 d.C. únicamente dejaron en pie el Muro de los Lamentos, que es una muralla de contención que ayuda a mantener en su lugar al monte del Templo. Los romanos lo dejaron allí simplemente para decir: "Echa un vistazo, y nunca olvides quiénes somos y lo que podemos hacerte".

Muchos judíos de hoy recuerdan la época de Nehemías y creen que el restaurador de los muros de Jerusalén construirá en algún momento otro muro y otro templo. Orar en el Muro de los Lamentos les da esperanza de que el Mesías vendrá. Por supuesto, como cristianos creemos que el Mesías ya vino, y que un día regresará.

Menciono el monte del Templo porque lo veo mucho más como una curiosidad histórica. ¿Sabías que la cruz de Cristo fue levantada justo al norte del altar del templo? ¿Sabías que el monte del Templo y el monte Moriah se relacionan íntimamente? Es más, ¿sabías que cuando Abraham trató de ofrecer a Isaac como sacrificio, según se narra en Génesis 22, lo hizo en el monte Moriah?

Abraham proporciona una imagen asombrosa del Dios que sacrificaría a su Hijo unigénito para satisfacer las demandas de su naturaleza santa; excepto que, en el caso de Abraham, Dios intervino y proveyó otro sacrificio: un carnero trabado en un zarzal. Entonces Abraham llamó al lugar "Jehová proveerá", y el texto en Génesis añade: "Por tanto se dice hoy: En el monte de Jehová será provisto" (Génesis 22:14).

Hace más de dos mil años, por medio de un nacimiento virginal Dios el Hijo se vistió de carne humana y vino a este mundo para convertirse en nuestro sacrificio. Sin embargo, a diferencia de Isaac, Dios no perdonó a Jesús, sino que le permitió probar totalmente la muerte por todos nosotros.

No cometas la equivocación común de creer que fue Dios el Padre quien derramó su ira sobre su desdichado Hijo. Jesús, como la segunda persona de la Trinidad, controló la palanca que volcó esa horrible ira divina sobre sí mismo. Nadie le quitó la vida a Jesús; Él la entregó libremente por voluntad propia. No es de extrañar que el profeta Isaías, escribiendo seiscientos años antes del nacimiento de Jesús, dijera de Cristo: "Él herido fue por nuestras rebeliones… por su llaga fuimos nosotros curados" (Isaías 53:5). Somos curados por las llagas de Jesús, el Mesías, Aquel a quien Isaías también llamaría "Padre Eterno" (Isaías 9:6).

Después que Cristo Jesús resucitó de los muertos, los apóstoles y los demás discípulos miraron de nuevo estas antiguas profecías hebreas para demostrar que el Mesías *había* venido en la persona de Jesús. Lucas relata que un creyente educado, de nombre Apolos, "con gran vehemencia refutaba públicamente a los judíos, demostrando por las Escrituras que Jesús era el Cristo" (Hechos 18:28). Pedro fue aún más lejos al referirse a la segunda venida de Cristo cuando declaró a las multitudes: "Por tanto, para que sean borrados sus pecados, arrepiéntanse y vuélvanse a Dios, a fin de que vengan tiempos de descanso de parte del Señor, enviándoles el Mesías que ya había sido preparado para ustedes, el cual es Jesús. Es necesario que él permanezca en el cielo hasta que llegue el tiempo de la restauración de todas las cosas, como Dios lo ha anunciado desde hace siglos por medio de sus santos profetas" (Hechos 3:19-21, NVI). La esperanza de Pedro sigue siendo nuestra propia esperanza hasta el día de hoy.

La gracia del Mesías sufriente

El pasaje clásico del Nuevo Testamento sobre Jesús el Mesías se encuentra en Filipenses 2:5-11. En esos preciados versículos, y en un lenguaje inolvidable, el apóstol Pablo nos expone las experiencias de duración asombrosa y agonías profundas a las que se sometió Jesús para ser nuestro Mesías. Pablo escribe de Cristo Jesús:

> El cual, siendo en forma de Dios, no estimó el ser igual
> a Dios como cosa a que aferrarse, sino que se despojó a sí
> mismo, tomando forma de siervo, hecho semejante a los
> hombres; y estando en la condición de hombre, se humilló
> a sí mismo, haciéndose obediente hasta la muerte, y muerte
> de cruz (Filipenses 2:6-8).

Los teólogos se refieren a estos versículos como el pasaje *kénosis*, término griego que alude a la "renuncia voluntaria" de nuestro Señor en la encarnación. Jesús mismo se "despojó" de muchas de sus prerrogativas divinas a fin de servir y salvar como el Mesías a otras personas en el mundo. El Dios Eternal, Jesús, eligió voluntariamente revestirse de carne humana, convirtiéndose así en Emanuel, "Dios con nosotros". Jesús vivió entre nosotros como Dios-hombre.

Pablo nos dice que, aunque Jesús era Dios, no consideró la igualdad con Dios como algo para su propio beneficio. Jesús no se asió con fuerza de sus prerrogativas divinas, negándose a renunciar a ellas. Aunque Cristo tenía todos los derechos, los privilegios y la honra de la deidad, se negó a aferrarse a tales derechos. Al contrario, por nuestro bien renunció voluntariamente a muchos de ellos durante un tiempo.

Seamos claros: Jesucristo *no* se despojó de su deidad ni la intercambió por la humanidad. Se despojó de muchas manifestaciones externas e invisibles de la deidad, pero no de su naturaleza divina ni atributos divinos. Por el contrario, voluntariamente puso a un lado muchos de sus privilegios divinos. Permíteme sugerir solo cinco ejemplos de esta "renuncia".

Primero, por voluntad propia Jesús dejó el trono celestial, donde durante siglos y siglos multitudes de ángeles le habían aclamado: "Santo, santo, santo es el Señor Dios todopoderoso". Él se instaló en el vientre de una virgen, se revistió de carne humana y nació en un mundo que lo despreció y finalmente lo asesinó. Bueno, pensemos en eso.

Jesús se cansó, igual que nosotros, pero permaneció completamente Dios.

Tuvo hambre, tal como nosotros, pero permaneció completamente Dios.

Tuvo sed, igual que nosotros, pero permaneció completamente Dios. ¡Asombroso!

Segundo, Jesús se sometió voluntariamente a la voluntad soberana de su Padre. A la multitud le dijo: "No puede el Hijo hacer nada por sí mismo, sino lo que ve hacer al Padre; porque todo lo que el Padre hace, también lo hace el Hijo igualmente" (Juan 5:19).

Tercero, en ocasiones Jesús se despojó de información importante que Dios el Padre claramente poseía. Por ejemplo, al hablar del tiempo de su segunda venida declaró: "Del día y la hora nadie sabe, ni aun los ángeles de los cielos, sino sólo mi Padre" (Mateo 24:36).

Cuarto, Jesús sacrificó por un tiempo sus riquezas eternas. Aunque era rico, se volvió pobre para que tú y yo pudiéramos ser ricos (véase 2 Corintios 8:9).

Quinto, como el único ser humano que no pecó, Jesús tomó nuestro lugar en la cruz, imponiendo sobre sí mismo el castigo por nuestros pecados. En el momento de ese terrible intercambio, el Padre apartó el rostro de su Hijo, porque en ese instante su Hijo llevaba los pecados de todo el mundo. Jesús experimentó por completo el abandono y la desesperación que inevitablemente resulta del derramamiento de la ira de Dios contra el pecado. "Al que no conoció pecado, [Dios] por nosotros lo hizo pecado, para que nosotros fuésemos hechos justicia de Dios en él" (2 Corintios 5:21).

Nunca podremos comprender plenamente a cuánto renunció Jesús cuando se revistió de carne humana. Sin embargo, al mismo tiempo no renunció a todo. Es por eso que Jesús aún pudo caminar sobre el agua, porque solo Dios puede hacerlo. Es por eso que Jesús pudo decir a una terrible tormenta: "Calla, enmudece", y el mar se calmó al instante. Es por eso que pudo decir a una niñita ya muerta: "Levántate", y ella al instante volvió a vivir. Jesús era humano *y* Dios al mismo tiempo. Así que, en el monte de la Transfiguración, la misma esencia de Jesús comenzó a brillar con rostro deslumbrante como el sol. ¿Por qué? ¡Porque Él es el Dios-hombre!

Dios tomó el déficit en mi cuenta espiritual y lo transfirió a la cuenta de Jesús, y luego tomó los activos en la cuenta de Cristo y los puso en mi cuenta. De mí, Jesús solo obtuvo pecado; de Jesús yo solo obtuve riquezas. Piensa en eso la próxima vez que recuerdes el momento en que llegaste a la fe en Jesús.

Una vez le dije a un hombre adinerado:

—Me gustaría que vinieras a visitarnos en nuestra iglesia.

Nunca olvidaré su sorprendente respuesta. En todos mis años de ministerio, y llevo en él más de cuarenta años, nunca había oído a alguien decir algo así.

—Estoy seguro que te gustaría —contestó—. Muchos quisieran tenerme y tener mi dinero en su iglesia.

Sinceramente, me importa poco lo que cualquier individuo pueda tener en cuanto a riqueza mundana. Cuando un hombre viene a Dios, *no* tiene absolutamente nada para traer, excepto su pecado. Ninguna persona puede afirmar sinceramente: "Cuando llegué a Jesús, renuncié a mucho".

No, no hizo nada de eso.

Pero por la gracia de Dios, *Jesús* sí lo hizo.

La paz del Mesías reinante

Aunque el pasaje *kénosis* describe la renuncia voluntaria que Cristo Jesús hizo, no se queda ahí. ¡Gracias a Dios! Por el contrario, lo exalta como Aquel a quien Dios ungió como Rey de reyes y Señor de señores. El pasaje continúa:

> Por lo cual Dios también le exaltó hasta lo sumo, y le
> dio un nombre que es sobre todo nombre, para que en el
> nombre de Jesús se doble toda rodilla de los que están en
> los cielos, y en la tierra, y debajo de la tierra; y toda lengua
> confiese que Jesucristo es el Señor, para gloria de Dios
> Padre (Filipenses 2:9-11).

En este extraordinario pasaje, Pablo nos dice que Dios exaltó a Jesús hasta lo sumo; la declaración del apóstol me sacude. ¿Cómo exaltas a *Dios*? ¿Cómo puedes levantar lo máximo hasta lo sumo? ¿Cómo puedes levantar a alguien que ya ocupa la cumbre?

En Navidad he oído decir a algunas personas: "¿Qué clase de regalo se le da a alguien que ya lo tiene todo?". Por lo general hacemos la pregunta en tono de burla, pero en este caso no estoy preguntando en tono de burla. ¿Cómo Dios exalta a *Dios*?

No estoy seguro de saber la respuesta a mi pregunta, pero sí sé que la exaltación que Dios le hizo a Jesús no implicó la naturaleza de Cristo o su lugar eterno dentro de la Trinidad. ¡No es como si cuando Jesús vino a la tierra hubiera dejado un asiento vacante que alguien más podría ocupar!

Justo antes de su arresto y crucifixión, Jesús oró lo que conocemos como su "oración sacerdotal". En ella declaró: "Ahora pues, Padre, glorifícame tú al lado tuyo, con aquella gloria que tuve contigo antes que el mundo fuese" (Juan 17:5). Aunque tal petición me deja perplejo, el regreso de Jesús a la misma gloria que tenía con el Padre antes de su encarnación no requería más exaltación sino una restauración.

Así que nuevamente: ¿cómo exalta Dios a Dios?

Creo que la respuesta implica la posición de Cristo como el Dios-hombre. Parece que Dios le concedió privilegios a Jesús después de su ascensión que no tenía antes de la encarnación. Permíteme sugerir tres ejemplos.

Primero, si Jesús no hubiera vivido entre nosotros como ser

humano, no se habría identificado plenamente con quienes vino a salvar. El libro de Hebreos nos dice que Jesús, el Dios-hombre, puede "compadecerse de nuestras debilidades" (Hebreos 4:15). Si alguna vez te has preguntado: *¿Puede Dios entender realmente lo que pasa en mi vida?*, ¡la respuesta es sí! Jesús, quien se volvió uno de nosotros, puede compadecerse perfectamente de nuestras debilidades.

Segundo, como hombre, Jesús venció todas las tentaciones que le lanzaron. En el desierto, Satanás le dijo: "Oye, no has comido durante cuarenta días. ¿Por qué no conviertes esas piedras en pan? Tienes hambre, ¿verdad?". Cuando esa tentación falló, el diablo intentó de nuevo: "Si eres realmente Dios, entonces salta desde lo alto del templo. Oye, los ángeles de Dios no dejarían que Dios se estrelle contra una piedra, ¿verdad?". Esa estrategia también falló. Finalmente, el diablo intentó la tentación más grande de todas al declarar: "Inclínate y adórame. ¿Ves todos esos enormes reinos? Están bajo mi dominio. Si te inclinas y me adoras, te los daré todos". Jesús resistió esa tentación y todas las demás que enfrentó.

Por eso es que no podemos decirle a Dios: "Señor, ¡simplemente tú no sabes lo fuerte que es esta tentación!". Sí, Él lo sabe, ya que soportó tentaciones mucho *más* fuertes que las que nosotros enfrentamos; sin embargo, no cedió a ninguna. Por eso, Dios lo ha exaltado y le ha dado un nombre que no comparte con nadie, en ninguna parte.

Tercero, ¿conoces una de las cosas más grandes que Jesús logró como hombre? Vino a la tierra, donde Satanás gobernaba, y derrotó al infierno. Juan nos dice que Jesús vino "para deshacer las obras del diablo" (1 Juan 3:8). Por medio de su obra en la cruz, Jesús derrotó la muerte y la tumba. He perdido la cuenta de cuántas veces he visitado el cementerio y, a menos que suceda un milagro, volveré muchas veces más. Pero cuando Jesús fue al cementerio convirtió las paredes de la tumba en un túnel de salida.

Por sí solo, Cristo Jesús conquistó el pecado y, debido a ese triunfo definitivo, Dios lo ha exaltado hasta lo sumo. Al nombre de Jesús se doblará toda rodilla y toda lengua confesará que Jesucristo es el Señor, para la gloria de Dios el Padre.

Un día, Hitler se inclinará delante de Jesús y dirá: "Jesucristo es el Señor".

Un día, el anticristo se inclinará delante de Jesús y dirá: "Jesucristo es el Señor".

Un día, todos los ateos que han vivido se inclinarán delante del Mesías y dirán: "Jesucristo es el Señor". No, no se trata de un "engaño de Dios", sino de Dios haciéndose hombre.

Un día, todo el universo inteligente está destinado a adorar a Jesucristo como Señor, desde los ángeles en el cielo hasta los demonios en el infierno, desde hombres en minas de carbón hasta astronautas en órbita, desde creyentes obedientes en la tierra hasta hombres y mujeres perdidos en el averno. *Todo* lo que ha respirado reconocerá un día que Jesucristo es el Señor, para la gloria de Dios. Sin embargo, el *modo* en que lo reconocerán diferirá radicalmente.

Algunos lo confesarán como Señor con corazones rebosantes y agradecidos. Sus almas limpias serán gobernadas por la paz del Señor al deleitarse en el reinado de Jesús como Príncipe de Paz, de quien se dijo: "Lo dilatado de su imperio y la paz no tendrán límite" (Isaías 9:7). Otros lo confesarán como Señor en medio del terror más espantoso y con arrepentimiento torturador. Pero háganlo como lo hagan, todos en todas partes un día *confesarán* que Jesucristo es el Señor.

Una noche me senté junto a una dama de quien supe que era solo unos meses mayor que yo. "Ore por mí —pidió—. Lo único que quiero hacer es ir a estar con Jesús. Estoy preparada para cerrar los ojos definitivamente". Lo dijo con la mayor sonrisa que alguien con gran sufrimiento puede mostrar.

¿Qué le da a una mujer tal confianza y paz, sabiendo que incluso cuando cierre los ojos en la muerte despertará y *lo* verá? Esa mujer sabía que Jesús está vivo. Lo conocía como su Mesías. Y, de buena gana, con entusiasmo y gozo lo consideraba Rey de reyes y Señor de señores… *su* Rey y *su* Señor.

¿Reina esa clase de paz en tu propio corazón?

La única persona digna de exaltación máxima escogió una vida de total humildad. El Señor Jesucristo abandonó su trono dorado a favor de un sucio rebaño de ovejas. Tomó su majestad y la colocó en medio de la locura. En Jesús, la gloriosa deidad entró al mundo y llegó al piso de un lugar mugriento.

Y ahora nos llama a seguir su ejemplo.

Un llamado al servicio

No existe mayor ejemplo de siervo que el Señor Jesucristo. Te convertirás en un *gran* siervo si alguna vez tu deseo sincero es expresar: "Quiero parecerme tanto a Jesús como sea posible".

Dios no llama a ningún cristiano a una vida egocéntrica. La vida cristiana no se trata de lo que puedas obtener sino de lo que das. Es una vida de entrega personal a la voluntad de Dios, a las necesidades de tu prójimo y al ejemplo de Jesucristo.

Juan 13 puede darnos la mejor ilustración de un auténtico siervo. Describe a Jesús lavando los pies de sus discípulos, un trabajo sucio reservado típicamente para criados de escala inferior.

El lavado de pies era una costumbre normal en el antiguo Oriente Medio. Cuando un invitado venía por los polvorientos caminos, la costumbre requería que alguien que esperaba en la puerta le lavara los pies. Sin embargo, Jesús rompió tal costumbre cuando Él mismo decidió hacer dicho trabajo. Su acción asombró a sus discípulos porque ellos consideraban esa labor demasiado servil y reservada únicamente para los criados. Aun así, el Señor Jesús, Dios en la carne, demostró que *ningún* servicio al prójimo es demasiado bajo.

Después de terminar su perturbadora lección objetiva, Jesús les dijo a sus hombres:

Vosotros me llamáis Maestro, y Señor; y decís bien, porque lo soy. Pues si yo, el Señor y el Maestro, he lavado vuestros pies, vosotros también debéis lavaros los pies los unos a los otros. Porque ejemplo os he dado, para que como yo os he hecho, vosotros también hagáis. De cierto, de cierto os digo: El siervo no es mayor que su señor, ni el enviado es mayor que el que le envió. Si sabéis estas cosas, bienaventurados seréis si las hiciereis (Juan 13:13-17).

¿Captaste la última frase? "*Si* las hiciereis". Dios nos bendice cuando servimos a otros, no simplemente cuando hablamos de servirles, analizamos la posibilidad de servirles o animamos a que otros les sirvan.

De alguna manera, en el siglo XXI hablamos mucho más de teología que de hacer algo práctico con ella. Nos falta lo que llamaríamos "pragmatismo teológico".

No solo quiero que las personas conozcan el evangelio, sino que anhelo que acepten a Cristo y se sometan a una transformación personal radical. Más que nada, quiero que esa transformación personal radical empiece conmigo.

La única manera de conocer la voluntad de Dios

Pablo nos insta: "La actitud de ustedes debe ser como la de Cristo Jesús" (Filipenses 2:5, NVI). En otra parte, el apóstol declara: "Nosotros tenemos la mente de Cristo" (1 Corintios 2:16).

¿Y qué es "la mente de Cristo"? En esencia, es una actitud sumisa. Dios nos ha dado la mente del Mesías para que podamos someternos a vivir del modo en que Él pide que vivamos. Tener la mente de Cristo es mostrar en tu vida la actitud que Cristo exhibió mientras caminó en esta tierra.

La vida de Jesús nos enseña que la única forma de *conocer* la voluntad de Dios para nuestras vidas es comprender que, cuando nos hacemos cristianos, renunciamos a nuestros derechos. El único derecho que tenemos ahora es cumplir la voluntad perfecta de Dios para nosotros. Su voluntad triunfa sobre la nuestra. Jesús decidió constantemente someter su voluntad a la de su Padre, para nuestro beneficio. Por tanto, si Cristo estuvo dispuesto a hacer eso por nosotros, ¿cómo podríamos negarnos a hacer lo mismo por Él?

Recuerda que Jesús dejó a un lado sus privilegios con el fin de beneficiar a otros. Nuestro Mesías no consideró ningún tesoro demasiado grande para entregarlo. Puso a un lado su gloria, su comodidad, su reputación y la honra infinita debida a su nombre a fin de ganar nuestra salvación. Al hacerlo, no pensó en sí mismo, sino en los demás. Esta es la mente de Cristo.

Permite que esta mente esté en ti.

3

UN SEÑOR QUE MERECE DEVOCIÓN

Cuando vuelo, suelo orar: "Señor, ponme por favor al lado de alguien que necesite saber del amor de Cristo". ¡Esa oración me ha traído muchas citas divinas! No obstante, cuando me siento agotado después de un largo viaje, a veces digo: "Señor, ponme por favor en un asiento sin nadie a mi alrededor. Estoy cansado y necesito descansar".

Hace varios años, justo antes del Día de la Madre, me sentía agotado después de pasar un tiempo prolongado ministrando en Colorado Springs. Tuve una noche corta, mi vuelo se atrasó y me acosté a la 1:40 de la madrugada. Tenía una reunión de junta programada para las 7:00 de la mañana del día siguiente… y quizá tú sepas cuán aburridas y agotadoras pueden ser las "juntas", ¿verdad?

Al hallarme junto a la ventanilla, completamente agotado, pensé: *Dormiré un poco y luego podré disfrutar de mi familia cuando llegue a casa mañana por la noche.*

Cuando la azafata llegó a servir bebidas, me miró y dijo: "¿Quiere usted decirme que no vamos a escucharle predicar un mensaje del Día de la Madre el domingo por la mañana?". Aunque no la reconocí, ella claramente me reconoció, por lo que continuó: "A mis hijas les encanta oírlo predicar, y en realidad nunca les ha gustado los predicadores. Pero usted les capta la atención".

La joven mujer sentada en el asiento a mi lado alcanzó a escuchar nuestra conversación e inmediatamente intervino: "¡No es coincidencia que el Señor me haya puesto al lado de un predicador!".

Pensé: *Esto se va a poner interesante.*

Resultó que mi compañera de asiento se había mudado de Detroit a Colorado Springs. Cuando era joven había soñado con trabajar para James Dobson, pero claramente su vida no coincidía con el tipo de testimonio que el ministerio de Dobson necesitaba.

Durante la hora siguiente describí cómo Jesucristo puede influir en la vida de una persona. Hacia el final de nuestra conversación le manifesté: "Antes de bajar de este avión debes ponerte a cuentas con Dios. Debes pedirle a Cristo que te perdone por haberte desviado". Le recomendé una iglesia maravillosa en Colorado Springs, y luego añadí: "Regresa y termina tu educación. Te animo a seguir el sueño que Dios puso en tu corazón. Espero ver algún día un artículo de Enfoque a la Familia que hayas escrito".

¿Sabes por qué todavía recuerdo este encuentro de hace tantos años? Porque ejemplifica para mí una verdad poderosa y única que aparece en dos maneras muy diferentes.

La devoción de un corazón sometido a Cristo

El modo en que respondemos al señorío de Jesucristo nos coloca en una de dos posiciones, las cuales nos llevan hacia dos destinos diferentes. Pedro lo explica así: "Honren en su corazón a Cristo como Señor. Estén siempre preparados para responder a todo el que les pida razón de la esperanza que hay en ustedes" (1 Pedro 3:15, NVI).

Los cristianos necesitamos un corazón santo y humilde para Cristo como Señor. El apóstol nos da aquí una imagen de un corazón sobre el que Cristo gobierna. El versículo me recuerda a

Mateo 6:33, donde Jesús afirmó: "Buscad primeramente el reino de Dios y su justicia, y todas estas cosas os serán añadidas". Cuando Cristo es Señor, gobierna en tu vida. Y cuando Él es Rey, no tienes que preocuparte por lo que comerás o lo que vestirás; cuando lo pones en primer lugar, Él se encarga de todo.

Sin embargo, de alguna manera tendemos a confundir las cosas, así como aquella joven en el avión hizo durante muchos años. Creemos que, si nos sometemos al señorío de Jesucristo, Él nos llevará a hacer precisamente lo que más detestamos, razón por la cual nos negamos a rendirnos.

No obstante, en este pasaje, Pedro nos ofrece una imagen del siervo rendido y lleno de gozo. Nos describe la devoción de una vida en la cual Cristo gobierna como Señor. ¿Sabías que honrar a Cristo como Señor requiere devoción personal de tu parte? Este pasaje ayuda a explicar cómo la iglesia contemporánea en los Estados Unidos llegó donde hoy se encuentra. Tristemente, en realidad no entendemos el señorío.

Pedro insiste en que todo cristiano debe dar en su corazón un lugar especial a Jesús. La palabra traducida "honren" significa entregar *todo* a Cristo. Supón que alguien te pregunta: "¿Es Jesús el Señor de tu vida?". Contestar "sí" supondría que has permitido que Cristo gobierne en tu corazón, que le has dado libre acceso a todos los aspectos de tu vida. Que le has entregado todo y que solo vives para agradarlo y glorificarlo. Significa que si algo en ti entra en conflicto con quién es Jesús y lo que Él representa, entonces Dios te lo revelará, te arrepentirás de eso y dirás con pasión: "Quiero agradar a Dios más que a lo demás". Llamar "Señor" a Cristo significa temer desagradar muchísimo más a Jesús de lo que temes que los hombres puedan hacerte.

En algunas traducciones antiguas, la palabra "honren" se traduce "santifiquen". El término griego base se utilizaba en religiones paganas para referirse a la acción de separar un edificio como templo, designándole carácter religioso y usándolo para adorar. De igual manera, debemos separar nuestros corazones para Cristo. Designamos nuestras vidas como templos con el fin de que sean usados para los propósitos del Señor. Nos proponemos vivir para complacer al Señor, según su diseño.

Caramba, te ves diferente

Cuando te sometes al señorío de Cristo, tu vida se verá muy diferente de las de quienes no pertenecen a Cristo. "Honrar" o "santificar" a Jesús en tu corazón significa que vives para honrarlo y reconocerlo como el Santo en tu vida. Le das el primer lugar, decidiendo voluntariamente obedecerle en todo.

"Señor" es la traducción al español del término griego *kúrios*, que en este pasaje se refiere a Jesús como el Jehová del Antiguo Testamento. Pedro exhortó a sus hermanos cristianos a considerar al Señor Jesús como Jehová. Debían considerar a Jesús como Dios mismo, darle el primer lugar en sus corazones, obedeciéndole antes que a nada ni nadie.

¿Distingues a Cristo como el Señor de tu vida? ¿Te has comprometido a vivir en obediencia a Jesucristo?

Esto es crucial porque, a menos que pongamos primero a Jesucristo como Señor de nuestra vida, la fe cristiana no tiene sentido, ni el estilo cristiano de vida funcionará. Hoy día, la mayoría de los que asisten a la iglesia se siente miserable porque en sus vidas nunca han santificado a Jesús como Rey sobre todo. Sus lealtades están divididas, como si un pie estuviera sobre pavimento seco y el otro sobre hielo. Todo pie desconectado de Cristo como Señor patina como sobre una cáscara de plátano. La vida es resbaladiza, y Pedro nos dice que en un acto distinto y definido de la voluntad los cristianos deben distinguir a Jesús como su Señor.

Mi propósito es seguir a Jesucristo como Señor de *todo* en mi vida, para sus propósitos eternos. Todo lo que soy y lo que tengo debo rendirlo a Cristo. Vale la pena repetir esto: la vida cristiana no tiene sentido ni funciona en ninguna otra manera.

Jesús mismo resaltó este tema a través de una pregunta directa que les hizo a sus discípulos: "¿Por qué me llamáis, Señor, Señor, y no hacéis lo que yo digo?" (Lucas 6:46).

Si llamamos "Señor" a una persona, se espera nuestra obediencia. Si me llamaras "Señor", no solo sería tu propietario, sino también dueño de todas tus posesiones. Sería tu patrón, tu amo. Rendir homenaje de labios al señorío de Cristo es totalmente insuficiente; sin embargo, me temo que el promedio de los que asisten hoy a la iglesia hace exactamente eso. No obstante, la fe auténtica *siempre* produce obediencia. No puede proceder en otro modo.

¿Cómo sabes si Jesús es el Señor de la vida de alguien? Puedes ver que esa persona obedece a Cristo. Es realmente así de sencillo.

Árbol bueno y árbol malo

¿Cómo podemos distinguir un árbol bueno de uno malo? Jesús nos lo dijo: "Todo buen árbol da buenos frutos, pero el árbol malo da frutos malos" (Mateo 7:17). Jesús nos dio este refrán para describir la diferencia entre un discípulo auténtico y uno falso. Al hablar de esta manera no mostró interés en agricultura sino en cultura de la salvación.

De vez en cuando una mujer me dice: "No sé si mi esposo es salvo o no. Pero es un individuo malo". Bueno, Jesús nos dice que los árboles malos llevan frutos malos, y fue aún más lejos cuando declaró: "No puede el buen árbol dar malos frutos, ni el árbol malo dar frutos buenos. Todo árbol que no da buen fruto, es cortado y echado en el fuego. Así que, por sus frutos los conoceréis" (Mateo 7:18-20).

Si alguien me mostrara un trozo de corteza de árbol y me pidiera que identificara la clase de árbol del que provino, estoy completamente seguro de que no lo sabría. Si alguien me llevara una hoja y me pidiera que identificara el árbol del que provino, dudo que me iría mejor. Pero tráeme una manzana y te diré que viene de un manzano. Tráeme un limón y te diré que viene de un limonero. Tráeme una naranja y te diré que viene de un naranjo. Jesús no nos dice que conoceremos a las personas por su corteza o sus hojas, sino por sus *frutos*. El Señor nos dice: "¿Quién me pertenece realmente? Mira el fruto que la vida de esa persona produce. Un manzano produce manzanas. Es así de sencillo".

Si es un olivo, producirá aceitunas.

Si es un cristiano, producirá obediencia a Jesús como Señor.

Entonces, déjame preguntarte: ¿Es Jesús *tu* Señor? ¿Le obedeces? ¿Qué clase de fruto produces?

Una de las evidencias de que Jesucristo se convirtió en Señor de mi vida es que comenzó a desarrollarme, no de una vez, sino con el tiempo. Espero tener la corteza adecuada y las hojas correctas, pero oro en el nombre de Jesús para que mi vida lleve cada vez más el fruto del señorío de Jesucristo.

Más y más

Jesús fue incluso más allá. Hizo una declaración que sin duda alguna puso un poco nerviosos a sus discípulos cuando les manifestó: "No todo el que me dice: Señor, Señor, entrará en el reino de los cielos, sino el que hace la voluntad de mi Padre que está en los cielos" (Mateo 7:21).

Tan solo decir "Jesús es mi Señor" no hace que esto sea una realidad. Jesús insistió en que no todos los que pronuncian las palabras se han sometido de veras a Jesús como Señor. No son los que *llaman* "Señor" a Jesús quienes entrarán al reino de los cielos, sino solamente los que *hacen* la voluntad de Dios.

¿Haces *tú* la voluntad de Dios?

Mira a tu alrededor y verás muchísimas personas que *no* hacen la voluntad de Dios y que, sin embargo, afirman conocer a Jesús como Señor. No obstante, ¿cómo puede ser su Señor en todo si nunca le dan nada de sus finanzas? ¿Cómo puede Él ser Señor de ellos cuando nunca le dan nada de su tiempo? ¿Cómo puede ser su Señor cuando guardan todos sus talentos para sí mismos? Muéstrame a quién sirves con tus talentos y te mostraré al Señor de tu vida. Todo el mundo adora algo o alguien, pero no todos adoran junto al mismo trono.

Como si todo esto no bastara, Jesús fue aún más lejos. Les dijo a sus asombrados discípulos: "Muchos me dirán en aquel día: Señor, Señor, ¿no profetizamos en tu nombre, y en tu nombre echamos fuera demonios, y en tu nombre hicimos muchos milagros? Y entonces les declararé: Nunca os conocí; apartaos de mí, hacedores de maldad" (Mateo 7:22-23).

Jesús les dirá en el día del juicio a estas personas, individuos religiosos que lo llamaron "Señor", pero que no se molestaron en obedecerle: "Nunca os conocí; apartaos de mí, hacedores de maldad".

La infructuosidad de este tipo de "fe" demuestra su verdadero carácter. La fe que *dice,* pero no *hace* es realmente incredulidad... lo cual significa que, según la Palabra de Dios, nuestras iglesias están llenas de gente incrédula. Estos individuos reconocen con sus labios que Jesucristo es el Señor, pero con sus vidas demuestran infructuosidad. Sus acciones niegan al Dios que murió para salvarlos. ¡A Cristo es necesario preferirlo por sobre todo lo demás!

Pedro afirma que el bautismo es señal de buena conciencia hacia el señorío de Cristo (véase 1 Pedro 3:21). Si eso es cierto, entonces ¿cómo puede alguien decir que "Jesucristo es el Señor", y luego decir "No" cuando Jesús lo llama a bautizarse?

Pablo nos da instrucciones de apartar una cantidad proporcional de nuestros ingresos para darlo a la obra de Dios el primer día de la semana (véase 1 Corintios 16:2). ¿Cómo entonces puede alguien decir: "Jesús es el Señor", pero "no" apoyar el ministerio de la iglesia?

—Podríamos usar tu colaboración aquí para servir al Señor —le dijo un día un anciano de una iglesia a un hombre.

—Lo siento, no tengo tiempo.

—¿Ves a ese hombre allá? —susurra el Espíritu—. Me gustaría que le preguntaras cómo le va.

Uh, no. La evangelización no es mi don.

La Biblia afirma que, cuando Jesús es el Señor, se le da preferencia. Es Señor de nuestra vida y, si nos queda algo, podríamos servir en otro lugar; pero nuestro servicio empieza con Él. Jesús nunca debe recibir nuestras sobras. La vida está llena de decisiones, y la pregunta es a menudo: ¿a quién vas a servir?

Si tienes la opción de elegir entre un partido de golf el domingo a las 9:00 de la mañana o ir a adorar al Señor con su pueblo, ¿qué eliges?

Si tienes la alternativa de elegir entre ir a la playa y honrar a Cristo sirviendo junto al pueblo de Dios, ¿qué prefieres?

No puedes llamar "Señor" a Jesús y tomarte unas vacaciones de Él.

Entroniza a Jesucristo

Me gusta cómo alguien lo dijo una vez: "Entroniza a Jesús en tu corazón. Permítele que someta allí todo lo que no es santo y verdadero". El corazón es parte central de la existencia de una persona, por lo que la Palabra de Dios enseña: "Por sobre todas las cosas cuida tu corazón, porque de él mana la vida" (Proverbios 4:23, NVI). Un corazón controlado por Cristo busca todo lo que es santo y verdadero.

¿Puedes cantar con la conciencia tranquila y el corazón lleno de las palabras de este famoso himno?

> Loores dad a Cristo el Rey, suprema potestad;
> de su divino amor la ley postrados aceptad;
> de su divino amor la ley postrados aceptad.

Jesús *es* el Señor. Sin embargo, ¿es *tu* Señor? ¿Y lo muestra el fruto de tu vida? La noche que me presenté en la iglesia para ser salvo, declaré: "Deseo entregar mi corazón y mi vida a Jesucristo". Nunca olvidaré ese día. Sin saberlo, en mi corazón estaba santificando al Señor Dios. Estaba convirtiendo a Jesús en Señor de mi vida.

No pasé adelante pensando: *Cielos, estoy caminando hacia el infierno* (aunque así era). No fui al frente pensando: *¡Estoy asustado! Conseguiré esto, aseguraré mi membresía, perderé deliberadamente antes que ir al infierno.* Ninguno de esos pensamientos me dio vueltas en la cabeza. Me habían dicho que Jesucristo se dedicaba a cambiar vidas y pensé que yo era un candidato si Él podía cambiar mi vida, mis anhelos y deseos. ¡Y cumplió su palabra! Me cambió por completo.

¿Me perdí el infierno? ¡Oh, sí! ¿Perdonó Jesús mis pecados? ¡Oh, sí! ¿Me limpió? ¡Oh, sí! Pero, sobre todo, me llevó a una relación de obediencia a Dios. Cuando me entregué a Jesús, en una sola semana hizo en mi vida cosas que algunas personas todavía no han conseguido quince años después de ser salvas. La pregunta es: ¿cuán consagrados estamos a Cristo como Señor? Él puede hacer mucho en muy poco tiempo si la devoción es real.

Una distinción artificial

La cuestión del señorío de Cristo es un tema importante en la Iglesia moderna. De alguna manera hemos creado una distinción artificial entre confiar en Cristo como Salvador y confesarlo como Señor. Hemos hecho dos experiencias de una sola.

Como resultado, en nuestras iglesias tenemos gran cantidad de personas que han "aceptado a Cristo" para no irse al infierno y ganar el cielo, pero que parecen totalmente despreocupadas respecto a obedecerle como Señor.

Escucha, la salvación no es como el mostrador de una cafetería donde puedes elegir lo que te gusta, no podemos tomar de Jesucristo la condición de salvador y dejar a un lado su señorío. No somos libres para tomar lo que queramos y dejar el resto. No podemos ser salvos a plazos, con los dedos cruzados y dudas internas, como si se pudiera recibir a Cristo en partes. Solo tenemos una opción: Recibimos a Jesús como Salvador y Señor o lo rechazamos.

Mi versículo favorito en toda la Biblia es Romanos 10:13, que declara: "Todo aquel que invocare el nombre del Señor, será salvo". Cuando puse mi fe en Cristo hace muchos años no entendía el señorío, pero de todos modos lo recibí como Señor. No conocía la Biblia, ya que nunca había tenido una, pero creí todo en ella. ¿Cómo es eso posible? Bueno, no entiendo de electricidad, pero creo en los interruptores de luz. No entiendo de automóviles, pero conduzco uno.

Una vez que recibimos a Jesús como Señor, nuestras opciones se acaban. Ya no nos pertenecemos; Él nos compró al precio de su propia sangre (véase 1 Corintios 6:20).

El 7 de enero de 1973 entregué mi vida a Jesucristo como Señor. Ese día Él me salvó y me convertí en parte de la familia de Dios. Mi salvación no tuvo nada que ver con mi llamado posterior a predicar. El día de mi salvación, Jesús me convirtió en cristiano, no en predicador. Los predicadores pueden ir al infierno; los cristianos no. El día en que recibí a Jesús como Señor, mis opciones se acabaron. Yo había sido comprado por precio.

Pertenezco a Jesús, y eso cambia por completo las cosas.

El desarrollo del corazón de un discípulo

Un pequeño dicho ha incomodado a muchas personas: "Si Él no es Señor de todo, no es Señor en absoluto". Aunque estoy totalmente de acuerdo en que Jesús es Señor de todo, también insisto en que con el tiempo nos prepara para entender lo que implica el señorío.

Jesús sabe que no podemos "captarlo" todo de una sola vez. Por eso es que en cierta ocasión les dijo a sus discípulos: "Tengo mucho que decirles, pero ahora no podrían entenderlo" (Juan 16:12, TLA). Jesús no les dijo de una sola vez todo lo que debían saber. ¿Necesitaban saber esas cosas? Desde luego. Pero los preparó para que recibieran todo. Debían *desarrollarse* como discípulos.

La noche en que acepté a Jesucristo no conocía la Biblia. No entendía el señorío. A pesar de eso, la Biblia seguía siendo cierta y el señorío era una realidad. ¿Cómo entonces la realidad llegó a ser verdad en mi experiencia?

A partir de esa noche, Dios empezó a desarrollarme. Comenzó a llevarme del punto A al B y más allá. Pedro capta esta verdad cuando escribe: "Estén siempre preparados para responder a todo el que les pida razón de la esperanza que hay en ustedes" (1 Pedro 3:15, NVI). Dios nos instruye a estar "preparados" para hablar a otros de los cambios que se obtienen al tener a Cristo como Señor. ¿Y cómo nos preparamos? Creo que es crucial entender que mientras *el señorío es posicional, la preparación es progresiva.*

Solo hay una manera de aceptar a Jesús, y es como Señor. ¡No podemos recibirlo por lo que no es! Él *es* Señor, y así es como lo recibí. ¿Cómo podríamos pedirle que se vuelva menos a fin de que nosotros podamos volvernos más? Eso es totalmente absurdo.

Mi desarrollo como creyente se parece mucho a mi desarrollo como ser humano. Nací en este mundo como un niño, pero no seguí siendo niño. Aun así, aunque cuando me convertí en cristiano no entendía nada acerca del "señorío"; hoy día aún llevo la misma piel con la que Dios me dio a luz. Sin embargo, ¡se ha estirado mucho! Dios está desarrollándome.

Por eso estudio la Biblia con diligencia. Por eso me reúno con el pueblo de Dios para adorar todos los domingos. Por eso aprovecho las oportunidades de capacitarme. Deseo progresar. Quiero que Dios me desarrolle. Anhelo que me lleve del punto F al G, al H y más allá.

Estar preparados para dar una respuesta

¿Con qué propósito me desarrolló Dios? Pedro afirma que el Señor desea prepararme en parte para que yo pueda dar una respuesta a todo aquel que desee saber qué es lo que hace que mi vida sea tan diferente.

La palabra griega traducida "responder" significa proporcionar una explicación creíble de alguna convicción personal. La disciplina cristiana de la apologética se refiere a la recopilación de evidencia de todas las fuentes posibles para declarar la validez de las afirmaciones de la verdad cristiana.

Tenemos una Biblia confiable, una Palabra inerrante, buena y perfecta del mismo Dios todopoderoso. Nuestra fe es defendible, de modo que podemos hablar tanto con integridad como con autoridad. Independientemente de quién quiera respuestas, podemos hablarle con confianza la Palabra de Dios.

Cuando la Biblia declara: "Estén siempre preparados para responder", describe algo similar a una defensa presentada ante un tribunal. La frase se usa para simbolizar a un abogado que comunica a su cliente las acusaciones en su contra. También significa responder, ofrecer una defensa. La palabra griega original podría traducirse literalmente "hablar de". Muy bien, Pedro, ¿hablar de qué? Del señorío de Cristo.

Desde que Jesús se convirtió en mi Salvador he estado "hablando de" su señorío. Cuando la mujer joven en el avión se dio cuenta de que estaba sentada al lado de un predicador, comencé a "hablar del" señorío de Jesucristo. Empecé a presentar defensa de la necesidad del cristiano de tener a Cristo como Señor.

La expresión *defensa (apología)* no significa disculparse. ¡Nunca me he disculpado por ser cristiano! La palabra significa "defender". Si vas a dar una respuesta creíble debes comprender lo que crees y por qué eres cristiano. También debes estar preparado para expresar tu creencia. La Biblia nos instruye a hacer esto de manera humilde, esmerada, razonable y bíblica.

Cuando me convertí en cristiano pensé que era mi deber hablar a todos sobre Jesús.

—Señor Solomon, soy salvo y Jesucristo me cambió la vida —dije cuando llegué al trabajo.

—Bueno Johnny, yo soy judío.

Yo ni siquiera sabía qué significaba ser judío.

—No importa —contesté entonces—. Él salvará a todo aquel que crea en Él.

Yo sabía que no importaba quiénes fueran o qué hubieran hecho. Hablé del evangelio con todos los que conocía, porque no conocía nada mejor.

Después acudí a menudo a un amigo, Alfred Joyner, para pedirle consejo. Él me discipuló antes que las personas vieran el discipulado como algo bueno. Él era camionero, no pastor. Fui a donde Alfred y le dije: "Hoy hablé con el señor Solomon y me dijo esto". Alfred abrió entonces la Biblia, buscó un pasaje específico y leyó versículos como Romanos 10:10-13 para explicarme que Jesús vino a salvar tanto a judíos como gentiles. En poco tiempo tuve una respuesta para dar. Podía "hablar de" pasajes de la Biblia acerca del señorío de Jesucristo a cualquiera que Dios pusiera en mi vida.

Al año y medio de haberme convertido en cristiano, ¿sabes cómo empezaron a llamarme las personas? "Predicador". Me dieron el título antes que lo fuera. Es más, aunque todavía no era un predicador, era un testigo. Había aprendido algunas cosas sobre cómo desarrollar mi caminar con Jesús.

Dios también me envió otro discipulador llamado Mitchell Bennett. Todavía recuerdo el color de la camisa que él llevaba cuando le hacía preguntas específicas. Él solía contestar: "Johnny, la Biblia habla de eso". Yo no lo sabía, pero Dios me llevaba del punto A al B y más allá. Estaba desarrollándome.

En el momento que puse mi fe en Cristo, Jesús se convirtió posicionalmente en mi Señor. Nunca he tenido más de Jesús que lo que tuve la noche en que lo recibí. No lo recibimos en partes; obtenemos todo de Él, a la vez. Cuando Jesucristo es Señor, ese es el último peldaño de la escalera. Nadie llega más alto o a un lugar mejor. En cuanto a posición, lo tienes todo desde el principio. Pero en cuanto a desarrollo, puedes crecer siempre.

Y Dios *espera* que tú y yo crezcamos.

Un mundo sufriente necesita esperanza

Esto me ayuda a recordar que el *sufrimiento* proporciona el contexto para la primera carta de Pedro. Cuando sufrimos como cristianos en un mundo caído, el apóstol espera que los observadores noten el extraordinario optimismo y la esperanza que tenemos. Por lo que escribe: "Santificad a Dios el Señor en vuestros corazones, y estad siempre preparados para presentar defensa con mansedumbre y reverencia ante todo el que os demande razón de la esperanza que hay en vosotros".

Siempre debemos estar preparados para presentar defensa. ¿Defensa ante quién? Ante todos. Eso es inclusivo, es decir, se relaciona con todas las circunstancias de la vida. Debemos ser testigos, no fiscales. Por eso es tan importante apuntalar nuestro testimonio con una vida que respalde nuestra defensa. Debemos presentar de manera amorosa y respetuosa un relato de lo que creemos y por qué lo creemos.

Hace varios años, la comunidad donde vivíamos nos pidió a mi esposa y a mí que organizáramos una jornada de puertas abiertas con el fin de recaudar dinero para ayudar a niños necesitados. Pensamos que era una causa maravillosa y dijimos "sí". Muchas personas vinieron a nuestra casa.

Los visitantes fueron a la planta alta, rodearon la casa y luego salieron de nuestro sótano, donde yo tenía una mesa de billar. En esa mesa, yo había colocado montones de hojas con la historia de mi vida, *Del billar al púlpito*, con un letrero al lado que decía: "Toma uno. Gratis". Las personas se llevaron cientos de ejemplares.

Los encargados del evento me dijeron más tarde: "Señor Hunt, la declaración más común que escuchamos sobre su casa fue: 'Nos sorprendió lo que no vimos: botellas de licor. Fue asombroso lo que vimos: descripciones de Cristo, mucho acerca de la familia y bordados que se referían a la eternidad'".

En este mundo sufriente, las personas *preguntarán* sobre la razón de nuestra esperanza. ¿Cómo saben que tenemos esperanza? Lo saben porque quienes tenemos esperanza actuamos de modo diferente a quienes no la tienen. Respondemos en forma distinta al dolor y la dificultad. Los creyentes también podemos estar muriendo, pero tenemos gozo, auténtico gozo, maravilloso gozo. Y ¿por qué tenemos ese gozo? Porque ponemos al Señor Jesús en el trono de nuestro corazón.

Cuando las personas te observan, ¿ven algo diferente? ¿Ven algo que quieren, pero que todavía no tienen? La ausencia de esperanza en las vidas de los incrédulos les hace preguntar por la razón de la esperanza que ven en los creyentes. La vida victoriosa de un discípulo de Jesús provoca preguntas sinceras de parte de quienes todavía no tienen al Salvador.

Cuando alguien te pregunte por qué tienes esperanza, prepárate para darle una razón de lo que crees. Prepárate para explicar cómo la esperanza que tienes en Cristo te prepara para vivir como vives.

¿Qué libro era?

Un día abordé un avión para un vuelo de una hora a casa. Mi asiento estaba en la primera fila de asientos, por lo que tuve que poner mis cosas encima. Agarré mi Biblia y un ejemplar del libro de Oswald Chambers *En pos de lo supremo*, me senté y empecé a leer. Esos dos objetos suelen provocar una conversación.

En cualquier vuelo, muchos hombres se sientan cerca de ti. Algunos de ellos hojean desvergonzadamente sus revistas *Playboy* y otros materiales pornográficos. Ni siquiera intentan ocultar las portadas. (Al mismo tiempo, muchos cristianos nos sentimos intimidados incluso de abrir nuestras biblias).

—¿Qué estaba usted leyendo? —me preguntó un hombre sentado cerca cuando bajaba del avión—. ¿Qué libro era ese que tenía con la Biblia?

—Algunos pensamientos devocionales de un colega que durante toda su vida animó a los predicadores —contesté.

—Deme, por favor, el tíulo del libro —pidió, y lo apuntó en un papel. No tuve más conversación con el hombre y no sé su nombre; estuvo allí y luego se fue. Sin embargo, sé que cuando las personas ven una diferencia en tu vida, hacen preguntas. Y preguntan porque tú pareces tener esperanza en un mundo por el cual ellos caminan penosamente como sin esperanza.

Si te encuentras en tal situación, no retrocedas. No te alejes. Con mansedumbre y reverencia da un paso al frente de la línea y anímate a dar una razón para la esperanza que hay en ti. Prepárate para hablar con otros de tu esperanza en Cristo. Podrás hablar de pasajes bíblicos sobre tu relación con el Señor.

"Pero nadie me hace esas preguntas *alguna vez*", tal vez digas.

Me pregunto: ¿podría ser porque no tienes fruto en tu vida? ¿Dices "Señor, Señor", pero no haces lo que Él dice? De ser así, puedes cambiar todo eso, empezando ahora mismo.

Tu destino final

El otro día me acerqué al mostrador de una línea aérea. Una mujer miró mi boleto y me preguntó: "Señor Hunt, ¿es Atlanta su destino final?".

"Espero que no, señora —contesté—. No quiero quedarme aquí para siempre".

Sin embargo, si no nos sentimos cómodos aquí abajo en la tierra respondiendo a Jesús como Señor, entonces ¿qué nos hace pensar que nos sentiremos más cómodos respondiendo a Jesús como Señor en el cielo? ¿Qué nos hace creer que el cielo será nuestro destino final?

Eddie Carswell, miembro original de NewSong, me llamó un día después de la muerte de su padrastro. Estaba alistándose para ir al cementerio y no podía encontrar el versículo, "ausentes del cuerpo, y presentes al Señor". De vez en cuando también olvido dónde se encuentra algún versículo. Le dije que el texto que quería se encontraba en 2 Corintios 5:8. Me contestó: "Hermano Johnny, empecé a estudiarlo en mi mente antes de localizarlo en la Biblia, y Dios me dio un cántico nuevo: 'No está lejos de aquí'".

Voy a pasar la eternidad con el Señor, y quiero recordarte que no está lejos de aquí. ¿Qué tan lejos está? A solo un latido de distancia. Hazme un favor y asegúrate de que el Señor que encontrarás allí sea el mismo Señor a quien sueles obedecer aquí abajo.

4

UN SALVADOR COMO NINGÚN OTRO

Uno de mis lugares favoritos para visitar en Israel es la ciudad de Capernaúm. Sus antiguas ruinas se encuentran en la costa norte del lago de Galilea, donde la localidad sirvió como sede al ministerio terrenal de Jesús. No puedo hablar de Capernaúm sin verme pasando por sus puertas desmoronadas.

Uno de los aspectos que me gusta de Capernaúm es que solo tenía una sinagoga, y el Evangelio de Marcos dice que Jesús predicó allí. Me emociona estar donde sé que Jesús habló una vez.

En una ocasión, Jesús curó a un paralítico en Capernaúm después de que sus amigos abrieran un agujero en el techo de la "casa" (¿quizás la sinagoga?) donde Jesús predicaba para colocarlo frente al Salvador. Cuando bajaron al paralítico al salón, Jesús le declaró: "Hijo, tus pecados te son perdonados" (Marcos 2:5). Algunos dirigentes religiosos allí sentados se ofendieron y pensaron: "¿Por qué habla éste así? Blasfemias dice. ¿Quién puede perdonar pecados, sino sólo Dios?" (v. 7).

Estos hombres estaban sentados en primera fila desde donde lo veían y oían todo. En la época de Jesús, los saduceos y fariseos recibían siempre los asientos más importantes, justo al frente. Algo así todavía sucede hoy día en muchos lugares del mundo. Cuando visité Vietnam hace unos años, llegamos después que el salón ya estaba lleno. Docenas de personas se encontraban afuera sin poder entrar; pero, cuando llegamos nosotros, los organizadores de la reunión nos recibieron y nos llevaron a nuestros asientos en primera fila.

Estos líderes religiosos en Capernaúm vieron a los amigos del hombre quitando el techo, presenciaron el modo en que bajaron al paralítico con cuerdas y oyeron que Jesús le decía que sus pecados le eran perdonados. Jesús sintió la iracunda respuesta de ellos y Marcos narra que les preguntó: "¿Qué es más fácil, decir al paralítico: Tus pecados te son perdonados, o decirle: Levántate, toma tu lecho y anda?" (v. 9). Por supuesto, físicamente es igual de fácil decir tanto una frase como la otra, pero las dos declaraciones tienen implicaciones muy distintas. Entonces Jesús continuó: "Pues para que sepáis que el Hijo del Hombre tiene potestad en la tierra para perdonar pecados (dijo al paralítico): A ti te digo: Levántate, toma tu lecho, y vete a tu casa" (vv. 10-11).

Al instante, la parálisis de hombre desapareció. Saltó, recogió su camilla y salió del salón. Todos los presentes debieron haber gritado: "¡Jesús es Dios! ¡Puede perdonar pecados!". Pero eso no es lo que sucedió. Aunque todos los demás "se asombraron, y glorificaron a Dios", desde ese momento los fariseos y saduceos consideraron a Jesús como un enemigo.

Esta historia muestra que los hombres no llegan ante Dios a través de la sabiduría humana. Los dirigentes religiosos tenían razón al creer que solo Dios puede perdonar pecados, pero cuando Jesús equiparó su capacidad de curar con su capacidad de perdonar, ellos debieron atar cabos y expresar: "Ya que ese paralítico está caminando, es prueba de que Jesús *tiene* autoridad para perdonar. Por tanto… ¡Él es Dios nuestro Salvador!". Este milagro debió haber sido uno de los primeros incidentes en llevar a estos líderes religiosos a la fe; sin embargo, se convirtió en uno de los primeros hechos que los llevó a oponerse a Jesús y finalmente matarlo. En lugar de aceptar a Jesús como su Salvador, salieron del lugar conspirando cómo destruirlo.

No obstante, ni la oposición ni la incredulidad de estos individuos pudo cambiar la verdad. Jesús tenía poder y autoridad para perdonar pecados, lo que lo convertía en el Salvador; que *todavía* es, y siempre lo será.

Un Salvador como ningún otro

Uno de los títulos más gloriosos dados a Jesús en todas las Escrituras es el de Salvador. La Biblia declara que Jesús "puede también salvar perpetuamente a los que por él se acercan a Dios, viviendo siempre para interceder por ellos" (Hebreos 7:25). Este versículo ensalza varios aspectos de la gran obra de salvación de Cristo.

Jesús es omnipotente

El hecho de que Jesús salva habla absolutamente de su omnipotencia. En la salvación que Cristo ofrece vibra gran poder. Ningún sacerdote o rey, político o psiquiatra, padre o dirigente religioso pudo alguna vez salvar, ni siquiera parcial o temporalmente. *Solamente* Jesús puede salvar. La Biblia dice de Él: "En ningún otro hay salvación; porque no hay otro nombre bajo el cielo, dado a los hombres, en que podamos ser salvos" (Hechos 4:12).

Un día me encontraba comprando comestibles para mi hogar. No tenía muchas cosas en mi carrito, pero la joven que me atendió me preguntó si podía llevar mis compras a mi auto. Cuando atravesábamos el estacionamiento nos topamos con un vigoroso muchacho que se detuvo y me miró.

—¿Cómo estás? —pregunté.

—Bien —contestó; me miró un poco más, y entonces añadió—. Discúlpeme, pero ¿es usted Johnny Hunt?

—Sí —respondí.

—¡Alabado sea Dios! —exclamó—. He sido ateo toda la vida, y el otro día cuando cruzaba el puente Bethany, Dios me salvó.

Claramente, el recuerdo lo emocionó.

—Vendré por aquí otra vez y le hablaré al respecto —prometió.

Cuando llegué a casa se le conté a mi esposa.

—¿Dónde está el puente Bethany? —preguntó ella.

—No tengo idea —contesté—. Pero te diré algo: ese hombre nunca olvidará dónde está ese puente.

No me sorprende que Jesús pueda visitar un pequeño puente en Georgia y salvar allí a un hombre que había sido ateo toda la vida. ¿Sabes por qué? Porque Él puede hacerlo. Jesús es omnipotente y nos salva con inmenso poder. Nos salva *completamente*: pasado, presente y futuro. Cuando Jesucristo me salvó, lo hizo para siempre. Mi salvación no tiene nada que ver con mi capacidad de servirle, sino con su suficiencia para salvarme. Jesús me salvó *por completo* para toda la eternidad.

Tal vez tengas en casa un hijo o un padre, una madre o una hija, o un amigo en el trabajo, y pienses: *Dios no puede salvarlo,* o *simplemente Cristo Jesús no puede alcanzarla.* ¡Tienes que reconsiderar eso! Jesucristo sí puede hacerlo.

Jesús opera como nadie más

La versión Reina-Valera 1960 afirma en Hebreos 7:25 que Jesús puede "salvar perpetuamente". Me gusta cómo lo dijo un predicador: "Él me salvó perpetuamente de la miseria". Jesús me sacó de la miseria y me dio una expectativa más brillante que el sol. Yo estaba perdido en el pecado, bajo su poder y castigo, y Jesucristo me sacó del mercado de esclavos del diablo. Me salvó, tal como promete: "Todo aquel que invocare el nombre del Señor, será salvo" (Romanos 10:13).

Además, ¡no olvides la promesa de a dónde vas! Ensalzamos mejor la salvación de Jesús no por aquello *de* lo que nos salvó, sino *para* qué nos salvó. ¿Has visto la calcomanía de parachoques que dice: "Los cristianos no son perfectos, solo son perdonados"? Yo podría añadir una declaración en paréntesis: "Y a los que no lo entienden, déjenme decirles que un día yo seré perfecto". *Eso* espero.

Una dama me dijo una vez: "¿Sabe, predicador? Estoy en la misma categoría que usted. Yo tampoco puedo cantar". Pensé: *Muchísimas gracias.* Ella agregó: "Pero creo que todos vamos a cantar en el otro lado".

Sí, alabado sea Dios, todos cantaremos en el cielo. ¡Pero también estoy cantando en este lado! No tienes que poder cantar para *cantar*; solo tienes que tener una canción. Cuando fui salvo, el Espíritu Santo puso una canción en mi corazón, y todavía estoy entonándola. Demasiadas personas en nuestras iglesias pueden cantar, pero no tienen una canción.

¿Tienes una canción? ¿Conoces tu futuro? ¿Sabes a dónde te diriges?

Todos pueden ser objeto del poder salvador de Jesús

Jesucristo puede salvar a *cualquier* pecador de *cualquier* condición, y salva por completo y para toda la eternidad a quienes salva. Nuestro Señor declaró enérgicamente: "Todo lo que el Padre me da, vendrá a mí; y al que a mí viene, no le echo fuera" (Juan 6:37).

Décadas atrás, cuando yo pastoreaba la Iglesia Bautista Long Leaf, salí una noche a ganar almas. Pasé por la casa de Buddy y Belinda Joyner y les presenté el evangelio de Jesucristo. Los dos se pusieron de rodillas y le pidieron a Jesús que entrara a su corazón.

Como solía hacer cualquier bautista en mi juventud, regresé a la iglesia, con el anhelo de dar la noticia.

—¿Cómo te fue? —preguntó alguien.

—¡Buddy y Belinda Joyner acaban de ser salvos! —exclamé.

—Bueno, hermano Johnny —cuestionó alguien allí—. ¿Sabías que no se trata de Buddy y Belinda *Joyner*? Él es Buddy Joyner, pero Belinda tiene un apellido diferente. Están viviendo juntos.

—¿Es eso cierto? —pregunté.

—Sí, así que me desagrada desinflar tu burbuja —contestó—; pero ellos no se salvaron. No pueden salvarse a menos que dejen de hacer lo que han estado haciendo mal, y entonces pueden venir a Jesús.

¡No creas eso! Si fuera cierto, ningún cristiano en el planeta podría alguna vez cantar nuevamente el antiguo himno: "Tal como soy de pecador". Para llegar a Jesús no *dejas* nada. La razón de que necesites a Jesús es que te falta el poder para cambiar tu propia vida. Así que llegas tal como eres. Jesús se encarga del resto.

Como tres días después sonó mi teléfono.

—¿Podemos desayunar juntos? —escuché decir la voz de Buddy.

Nos reunimos en un restaurante local.

—Hermano Johnny, necesito ayuda —declaró él—. No sabes esto, pero Belinda no es mi esposa.

—Bueno, escuché eso —contesté.

—Lo siento mucho, pero durante cinco años hemos estado viviendo juntos. Hemos usado el salario de los dos para pagar el alquiler y todo lo demás. Sin embargo, ¿sabes que desde la otra noche, después que te fuiste, no hemos podido dormir juntos? Ella está en un cuarto y yo en el otro, y nos sentimos incómodos. Necesitamos saber qué hacer. No podemos seguir viviendo así.

¿Le dijo a Buddy alguna ley externa lo que debía hacer? Oh, no. Jesús tomó esa piedra vieja y fría de la mano de Moisés y la puso a un lado, y con el dedo escribió la maravillosa ley de Dios en el corazón de Buddy.

Inmediatamente agarré el teléfono y llamé a uno de los miembros acaudalados de la iglesia.

—Doug —dije—, sé que tienes una casa realmente grande, y tengo un dilema. ¿Puedes dar a Buddy o Belinda un lugar para vivir durante un tiempo?

—Puedo tomar a cualquiera de los dos —contestó al instante.

Ese día, dicho miembro se llevó a Belinda a su casa. Oficié la boda como tres meses más tarde.

Años después hablé con Buddy y me dijo: "Belinda te envía su amor. Estamos sirviendo a Jesús y lo hemos estado haciendo desde esa noche que saliste de nuestra casa".

Cualquier persona puede ser objeto del poder salvador de Jesús. *Él* es quien salva, no nosotros. Ningún sistema de legalismo, sea judaico o cristiano, ha llevado alguna vez a alguien ante Dios. A veces le testifico a alguien, y me dice: "Hermano Johnny, he estado yendo a tu iglesia. Me ha ido mejor últimamente. Voy a mejorar mi conducta y entonces me uniré a tu iglesia".

Puedes imaginar cómo respondo. "No necesitas mejorar tu conducta y unirte a la iglesia —le digo—. Debes venir tal como eres, ahora mismo, y dejar que Jesucristo te limpie el corazón y el alma".

Escucha, no se trata de que "te vaya mejor". No eres nada bueno, y mereces ir al infierno. Ese no es el mensaje que escucharás a menudo hoy día; nos preocupamos más acerca de ofender a las personas que de ayudarlas. Pero prefiero decirte la verdad y ofenderte que tenerte sentado al final de una banca y dejar que vayas tambaleándote al infierno.

Cristo murió por ti *porque* no eras bueno. Todos somos pecadores. Todos nos equivocamos. Jesús tomó tu lugar en la cruz y por eso es que lo llamamos "Salvador".

La salvación es completamente del Señor

¿Está nuestra salvación arraigada en nuestros esfuerzos por servir a Jesús o en su capacidad de salvarnos? *Todo* el mérito le pertenece a Él. La salvación es del Señor.

Él es quien nos rescata. *Él es* quien completa el proceso. *Él es* el Sumo Sacerdote (véase capítulo 5). *Él es* Aquel que vive para interceder por mí. *Él es* quien suplica a mi lado. Cada vez que peco, Jesús declara: "Ponlo en mi cuenta". Por eso la Biblia dice: "La sangre de Jesucristo su Hijo nos limpia de *todo* pecado" (1 Juan 1:7).

Para empezar, no podemos permanecer más salvos de lo que podemos salvarnos. Jesús intercede por nosotros ante su Padre de manera constante, eterna y perpetua. Si les preguntas a las personas si irán al cielo cuando mueran, dirán: "Espero que sí". Hablan así porque creen que no lo conseguirán si pecan antes de morir. Pero pensar así resaltaría su capacidad para obedecer en lugar de la suficiencia de Cristo para salvar, y Dios no aceptará nada de eso.

Cristo satisface nuestra necesidad

Nuestro Salvador, Jesús, satisface nuestra necesidad como nadie más podría hacerlo. El escritor de Hebreos afirma que Jesús "es el sumo sacerdote que necesitábamos tener: santo, inocente, sin mancha, apartado de los pecadores, y exaltado por encima de los cielos" (Hebreos 7:26, RVC).

Jesucristo nos queda como un guante de neopreno. Se adapta totalmente a nosotros y suple por completo nuestras necesidades. Se "siente" bien. Lo he usado por tanto tiempo como para saber que Él es exactamente el Salvador correcto para mí. Observa cinco aspectos que el escritor de Hebreos dice sobre nuestro Salvador.

1. Jesús es santo

La Biblia describe a Jesucristo como santo. Eso significa que satisface totalmente todos los justos reclamos de un Dios santo. ¿Quién declaró santo a Jesucristo? Dios.

¿Y qué es la santidad? Nuestro Dios santo está apartado del pecado, es moralmente perfecto e infinitamente justo. El profeta Habacuc le dijo al Señor: "Muy limpio eres de ojos para ver el mal, ni puedes ver el agravio" (Habacuc 1:13). Es este Dios santo quien nos dice a ti y a mí: "Sed santos, porque yo soy santo" (1 Pedro 1:16). Dios demanda santidad en la vida de todo creyente.

No obstante, ¿cómo nos ayuda esto? ¿Cómo *podemos* ser santos? Por nosotros mismos no podemos lograrlo. Por nosotros mismos somos lo opuesto de santo. Sin embargo, *en Cristo* somos santos porque Cristo en nosotros satisface todas las exigencias santas de un Dios justo y santo. Nuestra salvación no reposa en lo bien que vivimos para Él, sino en el hecho de que Él vive en nosotros.

2. Jesús es inocente

Jesús es interiormente santo y externamente inocente. Jamás ha tenido malicia o astucia. Él es sincero, inocente y sin culpa. Jesús curó, pero nunca hizo daño. Nadie podrá alguna vez condenarlo de pecado.

3. Jesús no tiene mancha

Interiormente, Jesús es puro y sin mancha. Ningún pecado lo mancilló y ningún mal lo corrompió alguna vez. Alguien podría decir: "Pero durante su ministerio terrenal, ¿no llamaron a Jesús amigo de pecadores? ¿Cómo puede alguien ser amigo de pecadores y no terminar contaminado?". El contacto de Jesús con pecadores no le contaminó el carácter ni le retorció la conducta. Jesús tuvo mucho contacto con la gente, pero ninguna contaminación.

4. Jesús estuvo apartado de los pecadores

Esto podría parecer una contradicción, pero no lo es. ¿Cómo pudo Jesús tener contacto con los pecadores, pero aun así mantenerse apartado de ellos? Esto habla de su pureza. Él está en una clase diferente de todos los demás: es distinto y único. Pero, aunque permaneció separado, no se mantuvo aislado. A pesar de que interactuó con pecadores, permaneció apartado de ellos, fue distinto.

Simón Pedro entendió esto desde el principio. Cuando Jesús se presentó un día en el trabajo de Simón, este gran pescador le permitió predicar desde su barca. Después que Jesús hubo terminado, el Señor dio instrucciones a Pedro y sus amigos de que lanzaran las redes en el lago, aunque los hombres habían trabajado toda la noche anterior sin pescar nada. Ellos obedecieron, y atraparon tantos peces que las redes empezaron a romperse. Pedro sintió inmediatamente lo separado y distinto que era Jesús, y exclamó: "Apártate de mí, Señor, porque soy hombre pecador" (Lucas 5:8).

Jesús *no* se apartó, sino que contestó: "No temas; desde ahora serás pescador de hombres" (v. 10). Y, de allí en adelante, Pedro y sus compañeros pescadores "dejándolo todo, le siguieron" (v. 11). Él estuvo apartado, pero junto a ellos.

En ocasiones voy al hipódromo, donde suelo hablar de Jesús. ¡Qué paraíso para un predicador! Miles de personas no salvas llegan, y les reparto tratados evangelísticos, libros y cintas, y alardeo acerca de Jesús. Una noche acudieron veinticinco mil personas. Varias noches hemos tenido veinte mil. ¡Eso es mucho pescado para atrapar! Así que voy al hipódromo y predico cada domingo temprano por la mañana antes de ir a la iglesia y predicar en algunos cultos de adoración.

5. *Jesús es exaltado por encima de los cielos*

Por medio de su resurrección de entre los muertos, Jesús "fue declarado Hijo de Dios con poder, según el Espíritu de santidad" (Romanos 1:4). Aunque siempre fue Rey, en su resurrección usa la corona de vida como el Rey de reyes y Señor de señores. Su exaltación por encima de los cielos habla de su soberanía:

> Dios también le exaltó hasta lo sumo, y le dio un nombre que es sobre todo nombre, para que en el nombre de Jesús se doble toda rodilla de los que están en los cielos, y en la tierra, y debajo de la tierra; y toda lengua confiese que Jesucristo es el Señor, para gloria de Dios Padre (Filipenses 2:9-11).

¡No podrías tener un Salvador más maravilloso!

Cómo salva Jesucristo

La Biblia presenta un camino muy claro y simple hacia la salvación. Juan escribió: "A todos los que le recibieron, a los que creen en su nombre, les dio potestad de ser hechos hijos de Dios" (Juan 1:12). Tres palabras en este versículo, todas ellas verbos de acción, describen el proceso de cómo Jesús salva.

Creer

¿Sabías que Juan menciona 247 veces el nombre "Jesús"? ¿Por qué menciona su nombre tan a menudo? Porque creer en su nombre es creer en lo que su nombre significa. Es creer que Jesús puede salvarte de tus pecados.

El mismo nombre Jesús significa "Dios salva". Antes del nacimiento del Señor en Belén, un ángel le dijo a su padre adoptivo José: "Llamarás su nombre JESÚS, porque él salvará a su pueblo de sus pecados" (Mateo 1:21). Creer en el nombre de Jesús implica rendición personal y compromiso con Él.

Te pregunto: ¿Cuándo te entregaste a Jesucristo y le comprometiste personalmente tu vida? ¿Has "creído" en su nombre?

En la antigüedad, el nombre de alguien representaba más que una designación personal; era un reflejo del carácter y los atributos de la persona. Cuando creemos en el nombre de Jesús, nos rendimos para ser poseídos por Aquel en quien creemos. Cuando una persona declara: "Estoy entregando mi vida a Jesucristo", expresa su fe en Jesús. Se rinde a Cristo y reconoce la posición correcta del Señor y el lugar subordinado que asume delante del carácter divino de Cristo.

Una traducción lo dice de este modo: "A todos los que creyeron en él y lo recibieron, les dio el derecho de llegar a ser hijos de Dios" (Juan 1:12, NTV). Las personas me dicen: "Oh, sé todo sobre Dios". Pero no lo conocen personalmente. En consecuencia, Jesús no recibe la lealtad de tales personas: todo lo demás sí. Le dan a Jesús las sobras de su tiempo. Le dan pocas piezas de sus talentos y restos (o nada) de sus tesoros. ¿Por qué? Porque saben *acerca de* Él, pero no lo *conocen*. Cuando alguien llega a conocer a Jesús, le rinde su lealtad. Todo eso está envuelto en la pequeña palabra "creer".

Recibir

No es suficiente creer que Jesús es el Salvador. Él debe convertirse en *tu* Salvador. Y la única manera de que eso ocurra es recibiéndolo.

Cuando mi esposa me da un regalo en Navidad, sé que es un obsequio, pero nunca sabré qué es hasta que lo abra y lo reciba como mío. Eso es lo que haces cuando recibes algo: lo tomas y lo conviertes en tu posesión personal.

Muchas personas saben *acerca* del regalo de Dios, pero nunca lo han *recibido*. Oh, ¡se lo han entregado! Pero no significa nada para dichas personas. Todavía está envuelto y no tienen idea de lo que hay adentro. No se han tomado el tiempo de abrirlo y recibirlo. ¿Has recibido el regalo de salvación que ofrece Jesús?

Llegar a ser

Yo solía salir de noche a repartir tratados evangelísticos. Me quedaban unos cuantos cuando alguien me compró cincuenta tratados de color anaranjado llamados *Las cuatro leyes espirituales*. La última ley decía: "Debemos recibir a Jesucristo como Señor y Salvador mediante una invitación personal".

La Biblia declara que debes recibir *individualmente* a Jesús. Nadie más puede hacerlo por ti. En algún momento de tu vida debes recibirlo en forma individual. Y, cuando lo recibes, Él te da la potestad de *llegar a ser* hijo de Dios.

El término *potestad* puede traducirse "poder" o "autoridad", pero no creas ni por un instante que esto significa que tienes el poder o la autoridad de convertirte en hijo de Dios a voluntad. La palabra *potestad* no se refiere a la capacidad de decir: "Me convertiré en hijo de Dios en cualquier momento que desee". La salvación es de Dios, lo cual significa que llegar a ser hijo de Dios no está dentro de tus fuerzas o tu capacidad.

La salvación es una iniciativa divina, no humana. Juan insistió en que los hijos de Dios "no son engendrados de sangre, ni de voluntad de carne, ni de voluntad de varón, sino de Dios" (Juan 1:13).

Si piensas: *No estoy listo para tomar esta decisión ahora mismo, pero lo haré cuando sea bueno y esté preparado,* permíteme explicarte algo. ¿Sabes por qué no estás listo? Es porque solo Dios puede hacer que estés listo para dar ese paso. Esto no es asunto de elección y decisión de tu parte. La salvación es del Señor, y Él es quien la inicia.

Mientras estás sentado en tu silla favorita, pensando en tus propios asuntos, Dios puede decidir tocarte de repente. Quizás no tenías intención de hacer tratos con Él, pero puede entrar en tu mundo, hablarte e iniciar tu conversión. Tal vez estés conteniendo las lágrimas ahora mismo. Es posible que tiembles un poco. De ser así, el Señor te dice: "Ven a mí, tú que estás trabajado y cansado, que yo te haré descansar" (paráfrasis de Mateo 11:28).

La salvación no proviene del ser humano ni por su propia iniciativa. No es "de sangre", en lenguaje bíblico. ¿Por qué no? Dios no tiene nietos, solo hijos e hijas.

Podrías decir: "Pero mi padre fue uno de los mejores predicadores bautistas que este país ha conocido". Bueno, que Dios bendiga a tu padre. Pero la pregunta es: ¿Eres *tú* cristiano?

Ya que la salvación no viene por deseos humanos o por la voluntad de la carne, eso significa que ninguna cantidad de ilusiones puede convertir a alguien en hijo de Dios. Los esfuerzos propios simplemente no pueden producir salvación. Por tanto, ¿eres cristiano?

"Bueno, eso espero".

Si esa es tu respuesta, solo estás basándote en ilusiones. ¿*Esperas* eso? *Sé* que soy cristiano. He nacido de nuevo. Jesús ha cambiado mi vida. Lo encontré. Lo conozco. Camina conmigo, habla conmigo, se me revela en los cielos y en mi corazón. Así que otra vez te pregunto: ¿Eres cristiano?

"Bueno, hermano Johnny, tú y yo creemos un poco diferente al respecto, pero no soy mala persona".

No estoy hablando de ser buenos o malos. Ningún ser humano es suficientemente bueno para ir al cielo por sus propios méritos. Todo el que va al cielo va allí por la gracia de Dios, no debido a su propia bondad. Jesús "nos salvó, no por obras de justicia que nosotros hubiéramos hecho, sino por su misericordia" (Tito 3:5).

Si eres padre, probablemente deseas que tus hijos y nietos se salven. Pero si se salvan, no será debido a tu voluntad, sino a la voluntad divina. La salvación proviene de Dios, no de deseos humanos.

Mi hermano tuvo una bebita llamada Frieda, quien murió trágicamente por algún tipo de muerte súbita. Después, algunos amigos religiosos llegaron a consolar a los padres. Tenían buenas intenciones, pero preguntaron: "¿Fue bautizada la bebita? Si no la bautizaron, no puede ir al cielo". Escucha, nadie va al cielo por esfuerzo humano. La salvación no es por voluntad de hombre. Puede que tus padres te hayan bautizado de bebé, pero eso no te convierte en hijo de Dios. Cuando los bebés mueren, automáticamente van al cielo debido a la gracia de Dios, no debido a un sacerdote, un predicador o un ritual.

Es probable que tus padres quisieran que algún día conocieras a Dios, pero el bautismo infantil que te hicieron ocurrió debido a una decisión de ellos, no tuya. *Tú* tienes que recibir a Cristo. Tampoco es suficiente asistir al catecismo, responder a la lista y decir: "Creo esto, eso o aquello acerca de Dios". No se trata de lo que creas *acerca de* Él, sino de *conocerlo*. Tienes que conocerlo.

¿Lo conoces?

En el momento que creen, a quienes reciben a Cristo se les otorga el privilegio de llegar a ser hijos de Dios. Una noche nevada de domingo, mi esposa y yo montamos en nuestro auto y manejamos menos de dos cuadras hasta la Iglesia Bautista Long Leaf. Entramos y nos sentamos en una banca cerca del frente. Yo ya sabía que iba a responder a una invitación al evangelio, por lo que no quería tener que caminar mucho. Cuando el predicador hizo la invitación para recibir a Cristo pasé al frente y entregué mi vida a Jesucristo.

El momento en que creí en Jesús y lo recibí como mi Salvador y Señor, Dios me concedió el privilegio de convertirme en su hijo. No "crecí" hasta convertirme en hijo de Dios. De manera sobrenatural llegué en ese mismo instante a ser uno de sus hijos. Allí mismo me convertí entonces en hijo de Dios para siempre.

Nuestra obligación

Quienes hemos creído y recibido a Cristo Jesús, ahora le pertenecemos y tenemos una obligación. Recuerda, Jesús puede salvar solo a quienes acuden a Él en fe. Puede salvar a todos, pero no todos se salvan porque no todos creen.

Aunque la Biblia habla claramente de elección divina (no elegimos a Dios, sino que Él nos eligió) creo que también enseña que una persona puede decir sí o no. Uno de los versículos más tristes en el Nuevo Testamento manifiesta: "Los fariseos y los expertos de la ley rechazaron el plan de Dios para ellos" (Lucas 7:30, PDT). Sí, tú puedes rechazar el plan de Dios para ti.

Dios salvará perpetuamente a *todos* los que se entregan a Él. El fallecido pastor Adrian Rogers dijo en cierta ocasión: "Ya que no sabemos quiénes son los elegidos, ¿por qué sencillamente no vamos por ahí y damos testimonio a todos?".

Aunque no podemos *hacer* que las personas crean y obedezcan, nuestra responsabilidad no termina hasta que las hayamos instado tan firmemente como sabemos a confiar en el Salvador.

—Estoy realmente preocupada por uno de mis seres queridos —me dijo un día una dama—. No estoy segura de si es salvo o no.

—¿Por qué no sabes si es salvo o no? —inquirí.

—Nunca le he preguntado —contestó ella.

Creo que tenemos la obligación de preguntar. ¿Sabes cómo sé qué relación tiene mi padre con Jesús? Le pregunté. Mamá está en el cielo ahora. ¿Sabes cómo sé qué relación tenía ella con Jesús? Le pregunté. Es mi obligación.

Hablo con extraños. Les hablo a mis amigos acerca de Jesús. Les pregunto. Hablo de Cristo, y también tú deberías hacerlo.

Así que déjame preguntarte nuevamente

¿Le has pedido alguna vez a Jesucristo que sea tu Salvador y Señor? ¿Tienes la seguridad de que estás en el camino al cielo? ¿Vive Jesucristo dentro de ti, motivándote en todo momento a hacer la voluntad de Dios?

Si quieres que Jesucristo entre a tu vida, entonces te insto a recibirlo hoy; incluso ahora podría estar hablándote, acercándote a Él, obrando en tu corazón. ¿Te gustaría recibirlo? Si quieres hacerlo, entonces te sugiero que ores en tu corazón a Dios algo como lo siguiente:

> Señor Jesús, te necesito. Perdona mis pecados. Ven a mi vida y a mi corazón. Quiero recibirte como mi Señor y Salvador. Perdóname, límpiame, sálvame. Hazme uno de tus hijos. Oro en el nombre de Jesús, amén.

Si hiciste una oración como esa, ¡felicitaciones! Bienvenido a la familia de Dios.

5

UN SUMO SACERDOTE QUE ROMPE TODOS LOS MOLDES

El Antiguo Testamento no tiene el concepto de que los pecadores sean limpiados de su pecado, solo de tener el pecado cubierto temporalmente. En su clemencia, Dios permitió que la sangre de carneros y toros derramada en sacrificio "cubriera" los pecados de su pueblo, hasta que pudiera hacerse un sacrificio perfecto que tuviera el poder de limpiar totalmente a hombres y mujeres culpables.

Dios dispuso que los sacerdotes sirvieran como intermediarios entre Él y su pueblo, recordando así a la nación que ningún pecador podía acercarse directamente a un Dios santo. El Señor estipuló, además, que los sacerdotes del antiguo Israel debían venir de la familia de Aarón y que solo el sumo sacerdote podía ofrecer el mayor sacrificio bajo el antiguo pacto. Este sacrificio se llevaba a cabo solamente una vez al año, en el llamado "día de la expiación" (véase Levítico 16). Durante un año, Dios en su clemencia pasaba por alto el pecado del pueblo, pero el sacrificio debía realizarse cada año.

Cuando llegaba el día de la expiación, el sumo sacerdote entraba al Lugar Santísimo, la parte más central del templo, para rociar la sangre de un animal inocente sobre una tapa dorada (llamada el propiciatorio) que se encontraba encima del arca del pacto. Debajo del propiciatorio y dentro del arca estaba la ley transgredida de Dios, la manera divina de mostrar simbólicamente que la sangre del Mesías cubriría la ley transgredida. Aunque todos nosotros hemos pecado y por tanto hemos quebrantado la ley, Dios estuvo dispuesto, incluso antes de Cristo, a pasar por alto el pecado de su pueblo. Desde luego, la sangre de toros y carneros podía cubrirles el pecado solo temporalmente, hasta que se hiciera el sacrificio definitivo y perfecto.

Ya que el sumo sacerdote era tan pecador como los demás, tenía que presentar una ofrenda por sí mismo y por sus propios pecados antes de poder incluso entrar al Lugar Santísimo (mucho menos poder presentar allí un sacrificio). En su camino hacia el arca, el sumo sacerdote debía atravesar tres secciones del templo. Primero tomaba la sangre de un animal inocente y cruzaba una puerta hacia el atrio exterior. Luego atravesaba otra puerta hacia el llamado Lugar Santo. Finalmente, se abría paso a través de una pesada cortina hacia el Lugar Santísimo, el sanctasanctórum, donde se hallaba el arca del pacto.

Debido a que al sumo sacerdote no se le permitía sentarse mientras llevaba a cabo sus deberes solemnes, la ley no permitía sillas en el templo, resaltando que el sacrificio debía completarse sin demora. Tan pronto como el sumo sacerdote completaba su tarea anual, salía del Lugar Santísimo y no regresaba hasta al cabo de un año.

Este sacrificio solemne en Yom Kippur comenzó con Aarón en la época de Moisés y continuó a través de los siglos hasta que los romanos destruyeron tanto Jerusalén como el templo en el año 70 d.C.

¿Sabías que ochenta y tres sumos sacerdotes sirvieron a Dios bajo el sistema levítico? Cada uno de ellos murió. Igual que nosotros, tenían pies de barro. Ningún sumo sacerdote hebreo tenía poder de vivir para siempre. *Todo* sumo sacerdote que sirvió bajo la antigua economía murió y fue sepultado.

¡No así Jesús! Igual que hizo en tantas categorías críticas, Jesús rompió el molde.

Jesucristo, nuestro Sumo Sacerdote

¿Te consideras cristiano? Si es así, la Biblia te ordena explícitamente: "Considerad al apóstol y sumo sacerdote de nuestra profesión, Cristo Jesús" (Hebreos 3:1). En otras palabras, debes hacer una cuidadosa observación y dirigir tu atención hacia algo crucial. Dios está diciéndonos a ti y a mí: "Fijen la mente en Jesús y manténganla allí".

Aunque la Biblia tiene mucho que decir acerca de Jesús como nuestro Sumo Sacerdote, quiero resaltar siete características que deberían cambiar la manera en que pensamos acerca de nuestro Señor.

1. Jesús es nuestro gran Sumo Sacerdote

Muchas religiones, en lugar de tener un pastor o ministro, tienen un sacerdote. La Biblia llama a Jesucristo nuestro *gran* Sumo Sacerdote (Hebreos 4:14). No existe ningún sumo sacerdote como Jesús, el mejor Sumo Sacerdote que ha existido.

¿Sabías que las Escrituras no otorgan este título de "gran Sumo Sacerdote" a nadie más? La Biblia se refiere a muchos sacerdotes y sumos sacerdotes, pero a nadie más que a Jesucristo se le llamó nuestro gran Sumo Sacerdote.

¿Por qué Jesús es tan grandioso? Por un lado, no es un Sumo Sacerdote en el orden de Aarón (ochenta y tres hombres que murieron en esa categoría). Por el contrario, sirve como Sumo Sacerdote en el orden de Melquisedec. Jesús cumple la antigua profecía del Salmo 110:4, la cual dice del Mesías venidero:

> Juró Jehová, y no se arrepentirá:
> Tú eres sacerdote para siempre
> Según el orden de Melquisedec.

2. Jesús no cometió pecado

A diferencia de cualquier otro sumo sacerdote, Jesús nunca tuvo que hacer un sacrificio por sus pecados, por el simple hecho de que nunca pecó. La Biblia nos dice que Él "fue tentado en todo según nuestra semejanza, pero sin pecado" (Hebreos 4:15). ¿Crees que alguna vez una ramera vino tras Él? Yo sí lo creo. ¿Crees que el enemigo trató alguna vez de hacer que Él mintiera? Oh, sí. Jesús fue tentado en todas las formas en que hemos sido tentados, y sin embargo nunca pecó.

Ciertamente, el diablo y sus colaboradores intentaron lo peor. Cargaron sus mejores armas y comenzaron su ataque. Lanzaron contra Jesús todo misil infernal del que pudieron echar mano y usaron todo proyectil y toda arma automática. Trajeron todo lo que tenían, y lanzaron humo por todas partes. Pero cuando el humo se disipó, Jesús miró a Satanás a los ojos y declaró: "¿Es eso todo lo que tienes, amigo?".

Yo diría que eso se deletrea V-I-C-T-O-R-I-A. ¡Jesús había ganado! Cuando todo acabó, Él agarró todo lo que el infierno podía lanzarle y terminó victorioso. Ese es nuestro gran Sumo Sacerdote.

3. Jesús nos conviene

No hay nada como que algo convenga, y la Palabra de Dios declara que el Señor Jesucristo nos conviene perfectamente. Hebreos 7:26 enseña: "Tal sumo sacerdote nos convenía: santo, inocente, sin mancha, apartado de los pecadores, y hecho más sublime que los cielos". Cualesquiera que sean nuestras necesidades, Jesucristo es suficiente para satisfacer las demandas y los retos que enfrentamos.

4. Jesús puede salvar

Servimos a un Sumo Sacerdote que puede presentarnos sin falta delante de Dios. Hebreos 7:25 dice que Jesús puede "salvar perpetuamente a los que por él se acercan a Dios". ¡Jesús puede salvar!

Jesús siempre termina lo que empieza: "El que comenzó tan buena obra en ustedes la irá perfeccionando hasta el día en que Jesucristo regrese" (Filipenses 1:6, NBV). Judas agrega que Jesús "tiene poder para conservarlos sin caída y, con gran alegría, presentarlos sin tacha ante su gloriosa presencia" (Judas 24, NBV).

5. Jesús es un Sumo Sacerdote que nos cuida

¡Qué maravilloso saber que tenemos un Sumo Sacerdote que cuida personalmente de su familia! El escritor de Hebreos magnifica este aspecto de cuidado cuando llama a Jesús un "misericordioso y fiel sumo sacerdote" que "en cuanto él mismo padeció siendo tentado, es poderoso para socorrer a los que son tentados" (Hebreos 2:17-18). No extraña que Pedro dijera: "Depositen en él toda ansiedad, porque él cuida de ustedes" (1 Pedro 5:7, NVI).

6. Jesús simpatiza con nosotros

Muchas personas creen que Dios está muy lejos de la vida y los asuntos humanos, pero la Biblia clarifica que Jesús, en su humanidad, experimentó nuestros sentimientos, nuestras emociones, nuestras tentaciones y nuestro dolor.

Jesús sabe qué es sufrir desilusión. Sabe qué es ser criticado. Sabe qué es ser ridiculizado. Sabe qué es ser traicionado. Sabe qué es sufrir. Sabe qué es experimentar dolor. Y sabe qué es experimentar la muerte.

Cuando Lázaro murió, Jesús lloró, aunque sabía que su amigo no iba a permanecer muerto por mucho tiempo. Jesús se sintió profundamente conmovido y tocado por las debilidades de sus amigos.

Es importante observar que la Biblia llama a Jesús un Sumo Sacerdote "que simpatiza", no uno "que empatiza". Empatizar significaría que Jesús sintió lo mismo que nosotros porque hizo lo mismo que nosotros hacemos, incluyendo nuestras decisiones de pecar. Simpatizar expresa: "A pesar de que nunca he hecho eso y nunca lo haré, tu dolor sin embargo me conmueve profundamente". Jesús limpió a los pecadores, aunque se mantuvo separado del pecado y libre de este. Como el Hijo inmaculado de Dios, no empatizó ni dijo: "Sí, sé cómo te sientes porque yo también me emborraché una vez". Sin embargo, Él simpatiza con aquellos que han caído en pecado. Gracias a Dios, ¡Jesús simpatiza y no empatiza!

7. Jesús es constructor de puentes y mediador

La palabra *sacerdote* conlleva la idea de "constructor de puentes". Solo Jesucristo puede edificar un puente entre Dios y la humanidad. Nos abrió el camino para llegar al cielo convirtiéndose en nuestro puente sobre aguas turbulentas.

Siendo Dios, Jesús pudo estirar la mano y alcanzar la de su Padre celestial. En su humanidad, Jesús puede inclinarse y tomar nuestras manos. Y, como constructor de puentes, Jesucristo nos une a Dios… cambiando así nuestras vidas por la eternidad.

Las funciones clave de Jesús como Sumo Sacerdote

Como nuestro Sumo Sacerdote, Jesús representa dos papeles clave, cada uno igualmente vital. En una capacidad, Jesús nos pone en una relación correcta con Dios; en la otra, nos mantiene en una relación dinámica con su Padre. Necesitamos ambas cosas.

1. Jesús expió nuestros pecados de una vez y para siempre

Ninguno de los ochenta y tres sumos sacerdotes que precedieron a Jesús terminó la obra de expiación. Debieron seguir regresando al templo, año tras año y siglo tras siglo, para hacer sacrificios temporales que no podían quitar pecados. Sin embargo, Jesús entró al templo en el cielo y ofreció *un* sacrificio que solucionó para siempre nuestro problema de pecado.

¿Cómo lo hizo? Ofreció el sacrificio perfecto de sí mismo.

La Biblia nos dice: "[Jesús] no tiene necesidad cada día, como aquellos sumos sacerdotes, de ofrecer primero sacrificios por sus propios pecados, y luego por los del pueblo; porque esto lo hizo una vez para siempre, ofreciéndose a sí mismo" (Hebreos 7:27).

Jesús es el único Sumo Sacerdote que no tuvo que hacer un sacrificio para entrar al Lugar Santísimo. Él *fue* el sacrificio. Todos los demás sumos sacerdotes en la época del Antiguo Testamento tenían que ofrecer un sacrificio por sus propios pecados, y solo entonces podían tomar un cordero sin mancha y ofrecer su sangre en el propiciatorio por los pecados de otros. Pero Jesús es tanto el sacerdote como el sacrificio. Se ofreció por nosotros.

La sangre de Jesús, el Dios-hombre, tuvo poder tanto para cumplir la norma de justicia de Dios (perfección infinita) como para identificarse con las partes culpables (humanos). Por tanto, Hebreos 9:12 declara que Jesús "entró una sola vez y para siempre al Lugar Santísimo. No entró con sangre de chivos y becerros, sino con su propia sangre, logrando así un rescate eterno". Cuando Jesucristo, el Hijo de Dios, fue al Calvario y derramó la sangre eterna de Dios en la cruz, esa sangre no solo cubrió nuestro pecado, sino que nos limpió. Si has puesto tu fe en Jesús, estás limpio por su sangre. Me encanta cómo lo dice el antiguo himno:

> ¿Qué me puede dar perdón?
> Solo de Jesús la sangre.
> ¿Y un nuevo corazón?
> Solo de Jesús la sangre.
> Precioso es el raudal
> que limpia todo mal.
> No hay otro manantial,
> solo de Jesús la sangre

Jesús, nuestro gran Sumo Sacerdote, fue solo una vez al Gólgota, donde hizo un sacrificio perfecto por nosotros. En la cruz exclamó:

Tetelestai: "Consumado es" (Juan 19:30). Esa palabra tenía un uso interesante en las cárceles del primer siglo. He visitado algunas prisiones antiguas en Jerusalén, y los guías dicen que la mayoría de prisioneros eran liberados porque alguien pagaba un precio por su libertad. El carcelero entraba a la cárcel y clavaba un letrero en lo alto de la celda del individuo: *Tetelestai* ("pagado en su totalidad").

Cuando Jesucristo murió en la cruz para pagar por nuestros pecados, lo hizo de una vez por todas. Se presentó en el Lugar Santísimo celestial como nuestro sacrificio, y luego se sentó en su trono a la diestra de Dios.

Tetelestai: "Pagado en su totalidad".

2. Jesús siempre intercede por nosotros

Aunque la obra expiatoria de Jesús ha terminado para siempre, Él sigue obrando a nuestro favor. Se nos dice que Jesús vive "siempre para interceder" por "los que por él se acercan a Dios" (Hebreos 7:25).

Por supuesto, Jesús no podría hacer esto a menos que viviera eternamente. No podría prometer que intercedería para siempre por nosotros a menos que hubiera conquistado la muerte, y eso es exactamente lo que hizo en la cruz. Jesucristo, nuestro gran Sumo Sacerdote, vive para siempre. Eso significa que cuando hace una promesa, permanecerá vivo para siempre con el fin de cumplirla.

Hebreos 7:24-25 lo junta todo: "Por cuanto permanece para siempre, tiene un sacerdocio inmutable; por lo cual puede también salvar perpetuamente a los que por él se acercan a Dios, viviendo siempre para interceder por ellos".

Jesús mantiene permanentemente su sacerdocio, que es inmutable e inalterable. Nadie lo destronará jamás, y gracias a Dios nunca renunciará. Él vive para siempre como nuestro Sumo Sacerdote. ¿Y dónde lleva a cabo sus deberes intercesores? La Biblia declara que Jesús "traspasó los cielos" (Hebreos 4:14).

Hubo un tiempo en que podríamos haber seguido al tabernáculo en el desierto, o que podríamos haber visitado el templo en Jerusalén. Ninguno de los dos existe ya. Puesto que el pueblo judío no tiene templo hoy día, no hay sacrificios, sacerdotes ni sumo sacerdote. El Lugar Santísimo todavía existe, pero no es una tienda, un tabernáculo o un templo terrenal en Jerusalén. El verdadero Lugar Santísimo está en el cielo.

Cuando hablamos hoy día de entrar al Lugar Santísimo y a la presencia de Dios, hablamos del salón del trono de nuestro Señor en el cielo, donde Jesús vive para interceder por nosotros. Él fue tanto sacerdote como sacrificio; esa era su misión.

Poco antes que Jesús dejara esta tierra, oró a su Padre celestial: "Te he glorificado en la tierra; he acabado la obra que me diste que hiciese" (Juan 17:4). ¿Y cuál fue su obra? El Calvario. Jesús oró: "Ahora vuelvo a ti, pero digo estas cosas mientras todavía estoy en el mundo" (Juan 17:13, NVI). Jesús vino a la tierra e hizo lo que Dios le envió a hacer, y luego regresó al cielo de donde vino. ¿Y cómo nos ayuda eso?

La Biblia responde: "Acerquémonos, pues, confiadamente al trono de la gracia, para alcanzar misericordia y hallar gracia para el oportuno socorro" (Hebreos 4:16). El exaltado oficio sacerdotal de Jesús habla de un tiempo de proximidad. Dios nos invita a que nos acerquemos.

Antes del tiempo de Jesús, Dios no dijo simplemente: "Oye, individuo renegado típico, acércate". En lugar de eso, declaró: "Este monte es santo. Si lo tocas, morirás. Esta arca del pacto, que representa mi presencia, solamente el sacerdote levítico puede tocarla. Si *tú* alguna vez la tocas (o incluso si por error tocas la carreta en que alguien la transporta), acabaré contigo".

Ese mismo Dios pide ahora que "nos acerquemos". Supón que un recién convertido se acerca tímidamente y susurra: "Soy nuevo. Acabo de empezar a estudiar mi Biblia. ¿Quién eres?".

Dios contesta: "Soy Abba, Padre. Simplemente llámame Papito. Sigue adelante, hijo".

Santiago, el medio hermano de Jesús, nos insta: "Acercaos a Dios, y él se acercará a vosotros" (Santiago 4:8). El Señor Jesús dejó el trono de la gloria y fue al Calvario para un día poder sentarse en el trono de la gracia.

Antes de la cruz, el Antiguo Testamento no sabía nada del trono de la gracia. Bajo el antiguo pacto, tú y yo estábamos condenados a morir y en nuestro camino al infierno. En el Antiguo Testamento, ningún israelita común podía acercase al Lugar Santísimo, donde Dios estaba entronizado. Únicamente el sumo sacerdote podía hacer eso, y solo una vez al año.

Pero debido a Jesús, tú yo podemos acercarnos al trono de la gracia *en cualquier momento, con tanta frecuencia como queramos, para lo que necesitemos*. Y Dios nos dice: "Ven con valentía. Ven con confianza". El Señor nos da a ti y a mí libertad de expresión, libre opinión y capacidad para conversar con Él sin vacilación.

¡Simplemente vayamos!

Jesús, nuestro abogado

Jesucristo, por medio de su función como Sumo Sacerdote, nos da libre acceso al Padre. Ese privilegio único debería sorprendernos. Pero la Biblia enseña que Jesús hace aún más. Él no solo es nuestro Sumo Sacerdote, también es nuestro abogado defensor.

El apóstol Juan declaró: "Hijitos míos, estas cosas os escribo para que no pequéis; y si alguno hubiere pecado, abogado tenemos para con el Padre, a Jesucristo el justo" (1 Juan 2:1). La razón por la que podemos llegar a Jesucristo se debe a ese adjetivo: "Justo".

Ni tú ni yo somos justos por nosotros mismos. La única justicia que podemos reclamar es la que se nos ha impartido, la que se nos ha imputado, la que se nos ha puesto en nuestra cuenta mediante Jesucristo. No vamos al cielo por nuestra propia justicia; vamos al cielo revestidos en un manto de justicia comprado en la cruz para nosotros y que recibimos por gracia por medio de la fe.

La palabra traducida "abogado" es el término griego *parákleton*. Cuatro veces en la Biblia se refiere al Espíritu Santo, y una vez se refiere a Jesús. ¿Cómo puede el término referirse tanto a Jesús como al Espíritu Santo? Puede hacerlo porque el Espíritu Santo es Dios y Jesucristo es Dios, y la Biblia revela a Dios como una trinidad, tres Personas en una deidad: Dios el Padre, Dios el Hijo y Dios el Espíritu Santo.

El Espíritu Santo nos convence de pecado, por lo que corremos hacia nuestro abogado, y nuestro abogado nos lleva al tribunal celestial donde vemos al menos a cuatro individuos.

Allí está el juez; ¿lo ves allá en el tribunal?

Allí está el fiscal; es quien presenta acusaciones contra mí.

Tengo a mi abogado, mi defensor, de pie allí a mi lado.

Y luego está el acusado: yo.

Dios es el juez; el fiscal es Satanás; yo soy el acusado; y el abogado de mi defensa es Jesús. Mi abogado intercederá ante el juez a mi favor. ¿No te gusta cuando el fiscal presenta tu caso en tu contra y luego ves a tu abogado acercándose al tribunal para decirle algo al juez, como si lo conociera mucho mejor que cualquier otra persona? Casi puedo escuchar la escena en la corte de justicia:

"Muy bien, Todopoderoso Dios —dice Satanás—. Johnny Hunt es uno de tus predicadores. Lo salvaste hace muchos años y ha estudiado la Biblia durante más de cuarenta años. Sin embargo, ¿ves cómo se comportó hace un momento? ¿Viste lo que hizo?". Puedo escuchar al diablo citando las Escrituras relacionadas con el castigo por el pecado: muerte.

"Sí, Padre, todo esto es verdad —contesta mi abogado defensor, el Señor Jesús—. Johnny *es* culpable de ese pecado. Pero Padre, yo fui a la cruz y morí por ese pecado. Cuando Johnny tenía veinte años de edad puso su fe en mí y le apliqué mi expiación. Recibió mi perdón. Sus pecados están perdonados. Pongo mi manto de justicia sobre él, está cubierto por mi sangre y es perdonado porque es mi hijo".

La escena me pone la piel de gallina… pero déjame ir un paso más allá. Lo que acabo de imaginar fue el tribunal celestial, pero en el mundo legal moderno el abogado defensor sigue una táctica muy diferente. Defiende a su cliente en base a los méritos del caso del acusado, quien le dice: "Oye, soy inocente. No *cometí* este delito". Así es como los acusados en la tierra desean que sus abogados los defiendan, basándose en su inocencia.

Eso *no* es lo que sucede en el cielo. Cuando entro al tribunal de Dios, mi abogado defensor le habla al juez, defendiéndome, pero no en base a *mis* méritos. Más bien, basa mi defensa en *sus* méritos. Como nuestro abogado, Jesús admite que somos culpables, pero insiste en que Él ya pagó en su totalidad nuestros delitos. Recibió la muerte que merecíamos y resucitó de los muertos para que podamos llevar la vida que Él vivió.

¿Por qué no querrías que una escena así se desarrollara *siempre*?

En el mundo moderno legal, ningún abogado implicado en un caso puede estar emparentado con el juez. El abogado defensor tampoco puede estar emparentado con el acusado. En nuestro sistema legal no puedes contratar a tu hermano para que te defienda, y el abogado defensor que contrates no puede tener parentesco legal con el juez.

Sin embargo, en el cielo el abogado es el Hijo del Padre y el acusado es hermano del abogado defensor (véase Hebreos 2:11-12). No solo que mi abogado está emparentado con el juez, ¡sino que yo también estoy emparentado con mi abogado!

¿Ves cómo el diablo lleva todas las de perder?

Es precisamente aquí donde tú y yo podemos meternos en problemas. Intentamos ser bastante buenos. Creemos que podemos defendernos solos.

Pero eso es imposible.

Necesitamos un abogado, Jesucristo el Justo. Él aboga por nuestro caso delante de su Padre y nuestro Padre.

Una vida muy diferente

Al saber que tienes de tu lado un Sumo Sacerdote que no puede morir y un abogado que no puede perder, tu confianza debería estar por los cielos. Por lo menos tres aspectos importantes deberían cambiar para siempre.

1. Obtienes estabilidad en la vida

Jesús es Dios en la carne. En su humanidad, se hizo consciente de tus necesidades; y en su divinidad, puede satisfacer tus necesidades más profundas. Saber todo esto debe darte gran estabilidad para vivir.

Sin embargo, cuando las personas se meten en problemas o padecen gran sufrimiento tienden a alejarse de Dios. ¿Por qué? Al saber que tienes un Sumo Sacerdote inmortal y un abogado invencible, todas las pruebas, tribulaciones o desilusiones que sufres deberían llevarte *hacia* Dios.

Si me preguntaras: "¿Cuándo has sentido más real al Señor Jesucristo?", contestaría sin vacilación: "En mis momentos de mayor necesidad".

Mi padre murió cuando yo tenía siete años, por lo que mamá se convirtió en padre y madre. Ella era quien me daba dinero para salir. Era quien tenía dos trabajos a fin de proveer para seis hijos. (Todavía me pregunto cómo lo hacía, Dios la bendiga). Mamá ha estado con el Hijo de Dios durante muchos años, y espero volver a verla.

¡Pero qué mañana tan oscura enfrenté después que mamá murió! Un hombre vino a mi casa a decirme: "Dios me dijo que viniera y le diera dos mensajes: Usted estará bien, pero Dios va a usar tanto a *Dios* como al *tiempo*". Cuando sufres una pérdida dolorosa, necesitas a Dios y tiempo para sanar. Nunca he perdido a alguien más cercano que mamá. Pero, durante esos días sombríos y dolorosos, Jesús el Hijo de Dios, el gran Sumo Sacerdote, mi abogado, fue magnífica y maravillosamente bueno conmigo.

Cuántas personas han dicho: "Acabo de perder mi trabajo. ¿Cómo puede Dios hacerme eso? Nunca regresaré a la iglesia". Oh, amigo mío, ¡no huyas de Él! Corre *hacia* el trono de la gracia. Cuando llegan malas noticias, no empeores la situación alejándote de la única persona que puede hacerte el mayor bien. Más bien acércate.

Jesús se conmueve con los sentimientos que producen tus calamidades. Él sufre contigo. Le preocupa lo que te preocupa. Dios permite a menudo que atravieses algún valle porque quiere probar su fidelidad contigo. Desea que algunos de sus hijos puedan expresar: "Sé que Dios se preocupa por mí, porque hubo un día en que no tenía nada que comer. Alguien tocó a mi puerta y pensé: *¿Quién será?* Una persona estaba allí parada y me dijo: 'Dios me habló y me ordenó que vaciara mi despensa y la trajera a su casa para alimentarlo a usted y su familia. No lo entiendo, ni siquiera sé quién es usted ni cuál es su necesidad, pero eso es lo que Dios me dijo que hiciera'".

¿Cómo algo así *no* daría estabilidad a tu vida?

2. No necesitas llegar a Jesús más de una vez

Cuando les pregunto a algunas personas: "¿Has invitado alguna vez a Jesucristo a entrar en tu corazón como tu Señor y Salvador personal?", responden: "Ah, lo hago todos los días". Tal respuesta revela que simplemente no entienden de qué se trata esto.

Jesucristo es Dios, tú has pecado y sin Él vas camino al infierno. Jesús murió por tus pecados y por fe pones (una vez y para siempre) tu fe en el Señor Jesucristo. Le invitas *una sola vez* a entrar a tu vida y a ser tu Señor y Salvador personal.

En ese instante Jesús entra a tu corazón y te rescata, te libera y te alienta para convertirte en lo que deberías ser. ¿Sabes cuántas veces debes pedirle que haga eso? Solo una. ¿Sabes lo que Jesús hace en el momento que le pides que te salve? Te salva "por completo", lo cual significa para siempre y totalmente (véase Hebreos 7:25). Él no salva a medias a ninguna persona, ni hace parte del trabajo para que luego tú hagas el resto. Obtienes absolutamente todo o nada. Por eso se lo pides una sola vez.

¿Le has pedido alguna vez, solo por esa ocasión, que se convierta en tu Señor y Salvador?

3. No tienes que añadir nada a tu salvación

No puedes agregar ni quitar nada a la salvación que Jesús provee. De vez en cuando oigo decir a alguien: "No es que no quiera ser cristiano. Siento que hay algo que debo hacer".

Escucha: no hay *nada* que tengas que hacer. Jesús ya lo hizo todo. Él pagó el precio. No necesita tu ayuda. De todas maneras, solamente lo arruinarías todo.

Recuerda que hace mucho tiempo Dios nos puso en un huerto perfecto y nos dio corazones perfectos. ¿Qué hicimos? Arruinamos las cosas y nos expulsaron. La única manera en que podemos regresar al huerto es que el único Perfecto pague el precio perfecto, y Jesús lo hizo en la cruz.

"¡Estoy cambiado! ¡Estoy cambiado!"

Jugué al billar profesional durante cuatro años antes que Jesús me salvara. Todavía me gusta el juego y tengo una mesa de billar en mi casa. La mayoría de mis palos cuestan alrededor de veinte dólares, aunque tengo uno que cuesta casi ciento cincuenta dólares.

Hace años alguien me pidió que hablara del evangelio con un hombre que hace tacos de billar de alta calidad. Los cuatro palos que estaba haciendo en ese momento costaban veinte mil dólares cada uno, y había vendido al menos un taco en cincuenta mil dólares. ¡Me gustaría tener en mis manos ese taco! ¿Cincuenta mil por un taco de billar?

Después que el hombre me mostró su taller le pregunté si había tenido un momento en que supiera con seguridad que tenía vida eterna. ¿Iría al cielo cuando muriera? Un amigo que permaneció incrédulo por mucho tiempo y yo comenzamos a hablarle de Jesús. El difunto Vance Havner solía decir que el cristiano más emocionado en el mundo es el que se salva antes de conocer a su primer teólogo. Hay algo de verdad en esa afirmación.

—Johnny —dijo mi amigo—, déjame explicarle cómo puede ser salvo.

—Adelante —contesté.

—Cuando yo era más joven y pensaba en volverme cristiano —comenzó—, alguien me dijo: "Si quieres realmente convertirte en cristiano, debes hacer lo mismo que haces en los negocios: eliminar al intermediario. Simplemente olvídate de Jesús y ponte a cuentas con Dios".

Entonces mi amigo citó Juan 14:1, que declara: "No se turbe vuestro corazón; creéis en Dios, creed también en mí".

Mi amigo hizo una pausa.

—Entonces dije —continuó mi amigo—. "Dios, quiero que me salves. Quiero que me ayudes". Pero mi matrimonio se había desmoronado, yo bebía en exceso y me hallaba en un momento de desesperación. Ya no me importaba vivir. Ni siquiera quería levantarme en la mañana. Una noche, estando acostado en la cama, manifesté: "Dios, te pido en el nombre de Jesús. Vengo a ti en el nombre de Jesús. Entra por favor a mi corazón". ¡Y quiero decirte que Dios invadió mi corazón en la persona de Jesucristo!

Cuanto más hablaba mi amigo, más emocionado se ponía. Enrojeció, se puso en puntillas y casi gritó:

—Te lo digo: ¡Estoy cambiado! ¡Estoy cambiado!

Tú también puedes ser cambiado. Eso es lo que ocurre cuando le pides a Jesucristo que sea tu Señor y Salvador; y para colmo, obtienes un gran Sumo Sacerdote y un invencible abogado en el trato.

¿Por qué esperar?

6

CÓMO PERMANECER EN JESÚS

¿Por qué estás aquí? ¿Por qué razón te ha puesto Dios en este planeta?

Aunque muchos cristianos pueden citar las famosas palabras de Jesús acerca de tener vida "en abundancia" (Juan 10:10), aún tratan de averiguar por qué están aquí. Para muchos de ellos, esa lucha no resuelta los lleva a una crisis de identidad.

No tiene que ser así.

Ningún cristiano debe tener crisis de identidad. Jesús nos dice claramente quiénes somos y por qué estamos aquí. En resumen, Él declara que es la vid y nosotros los pámpanos. Estamos aquí con la finalidad de llevar fruto para la gloria de Dios.

¿Cómo funciona eso? ¿Cómo llevamos fruto para la gloria de Dios? ¿Y qué significa que Cristo sea la vid y nosotros los pámpanos? Veamos algunas respuestas… para así comenzar a llevar fruto.

Pámpanos en la vid

La mayor parte de lo que necesitamos saber sobre la producción de fruto para la gloria de Dios lo aprendemos en Juan 15. Jesús empieza diciendo: "Yo soy la vid verdadera, y mi Padre es el labrador.

Todo pámpano que en mí no lleva fruto, lo quitará; y todo aquel que lleva fruto, lo limpiará, para que lleve más fruto" (vv. 1-2).

¿Cómo nos convertimos en pámpanos de la vid? Confiando en Jesucristo como nuestro Señor y Salvador. No somos nosotros quienes lo iniciamos, sino Él cuando nos pone bajo la convicción del Espíritu Santo para mostrarnos nuestra necesidad de Jesucristo. Si eres cristiano, eres un pámpano en la vid verdadera, que no es otro que el Señor Jesús.

Cuando la vida de Jesucristo entra en ti y te rindes a la vid verdadera, simplemente descansas en Él, como una rama hace en su vid. A medida que te invade la savia de la fuente de tu vida, Jesús elimina cosas antiguas e inútiles, tal como sucede con las hojas viejas y muertas que caen de un árbol. Nuevas cosas crecen en su lugar. Fortalezas reemplazan a las debilidades.

La Biblia llama a esto llevar fruto. Jornada tras jornada, Dios envía humedad desde abajo y sol desde arriba para que crezcas como cristiano.

Jesús ordenó: "Permaneced en mí, y yo en vosotros. Como el pámpano no puede llevar fruto por sí mismo, si no permanece en la vid, así tampoco vosotros, si no permanecéis en mí" (v. 4). Él quiere decir: "Serás una rama viva y recibirás tu sustancia y la fuente misma de tu vida a través de mí. Y a través de esa relación viva con la vid verdadera llevarás fruto".

No solo llevarás fruto, sino que Jesús deja en claro que tu propósito en la tierra es llevar *mucho* fruto al declarar: "Yo soy la vid, vosotros los pámpanos; el que permanece en mí, y yo en él, éste lleva mucho fruto; porque separados de mí nada podéis hacer" (v. 5). Para resaltar este punto, más adelante añadió: "En esto es glorificado mi Padre, en que llevéis mucho fruto, y seáis así mis discípulos" (v. 8).

¿Estás llevando "mucho fruto" a través del Salvador y para Él? De no ser así, entonces no puedes cumplir el propósito para el cual Él te puso en la tierra. Tampoco puedes disfrutar la vida abundante que Jesús promete a quienes permanecen en Él. Tu vida de oración también sufre. Sé esto porque Jesús también expresó: "Si permanecéis en mí, y mis palabras permanecen en vosotros, pedid todo lo que queréis, y os será hecho" (v. 7). ¿Pides y *no* recibes? Si es así, podría ser porque no permaneces en Él.

¿Qué nos impide permanecer en Jesús? Ciertamente, no fallamos porque la tarea sea demasiado complicada; es tan sencillo como permanecer conectados a la vid verdadera. No tienes que ir a un seminario para aprender a permanecer en Jesús. En realidad, lo que tienes que hacer es observar un árbol frutal en crecimiento.

Los árboles frutales no gruñen

¿Te imaginas un huerto en que los árboles frutales gruñen? Tal vez en una rama está creciendo una manzana que todavía no enrojece. La rama hace todo lo posible por producir más vida y dulzura en esa manzana, pero nunca la oirás gruñir. Simplemente permanece donde está, recibiendo su sustento del árbol; con el tiempo, la manzana se vuelve roja y jugosa de manera natural.

Por la fe, tú y yo tenemos una relación viva con Jesucristo. Eres un pámpano *vivo* conectado a la viña *viva*. Y así como un pámpano obtiene su vida de la viña, un creyente obtiene su vida de Jesucristo, la vid verdadera.

He conocido muchos creyentes que no han crecido lo suficiente para darse cuenta de que la auténtica fuente de su vida es Jesucristo. Por tanto, buscan que otros medios y otras fuentes les proporcionen significado verdadero. Ninguna de esas otras fuentes funciona porque *solo* Jesucristo es la verdadera. A menos que estas personas aprendan a permanecer en Jesús, sus vidas seguirán careciendo de verdadero significado. Nada de lo que hagan contará realmente para Dios.

¿Es difícil llevar fruto? ¿Requiere tremendo esfuerzo permanecer en Jesús? Francamente, nunca he visto que una rama luche. ¿Pasaste alguna vez por un árbol frutal y dijiste: "Mira esa rama allí, ¡cómo se esfuerza por llevar fruto! Cuánto lucha la pobrecita". Desde luego que no. La rama produce fruto por estar conectada a la fuente.

El árbol simplemente empuja en forma exuberante esta vida, este poder, a través de la rama. Antes de darte cuenta, ves hojas. Poco después se forman brotes y comienzan a aparecer flores, cuya fragancia perciben las personas y, al poco tiempo, aparece el fruto.

Nuestra vida debería seguir un patrón similar. Alguien debería poder mirar tu vida y decir: "¿Notas cuán verde se ve esa rama? En ella hay vida". Luego viene la flor, con su aroma grato. Cuando estamos llenos de Jesús debemos oler, actuar y vivir en formas que atraigan a las personas. Somos pámpanos vivos que crecen de la vid verdadera.

Las personas se acercan más cuando empiezan a oler la fragancia y finalmente dicen: "Eres diferente. Hueles diferente, te ves diferente, actúas diferente, hablas diferente, caminas diferente. Vas a lugares diferentes. ¿Qué pasa contigo?". Cuando prueban el fruto que has producido, obtienen lo que tienes, y luego también se convierten en pámpanos de la vid verdadera.

La voluntad de Dios es que todo cristiano esté injertado en la verdadera fuente de vida, el Señor Jesús, y así llevar fruto para la gloria de Dios. Cuando aceptas este simple hecho en tu mente y corazón, estás en camino de lograr que tu vida sea significativa y útil.

El proceso de poda

Los que carecen de una unión viva con Jesucristo no pueden llevar fruto para la gloria de Dios. No pueden hacerlo porque no tienen conexión con la verdadera fuente de vida. El fruto espiritual es el resultado natural de estar conectados a la vida divina. Es posible producir sustitutos religiosos, pero estos siempre estarán muy lejos del fruto de Dios.

Cuando un árbol frutal no lleva fruto, ¿sabes qué hace el labrador? Lo poda, lo corta hasta que empiece a producir. Jesús declaró: "Todo pámpano que en mí no lleva fruto, [mi Padre] lo quitará; y todo aquel que lleva fruto, lo limpiará, para que lleve más fruto" (v. 2). Si eres cristiano, ten la seguridad de que te sucede una de dos cosas:

- Llevas fruto para la gloria de Dios.
- Dios te poda para que puedas llevar más de su fruto.

Si puedes salir y no hacer nada para el reino de Dios, entonces quizás ni siquiera formes parte de su reino. Si eres cristiano, o llevas fruto o Dios está obrando en tu vida para hacer que lo lleves (o para que lleves más fruto). Pero un tiempo prolongado de ociosidad voluntaria nunca caracteriza la vida de un auténtico creyente.

Si un pámpano no está produciendo absolutamente nada, la única acción disciplinaria que Jesús menciona en Juan 15 es cortar el pámpano y tirarlo al fuego. Tales cristianos no "se llevan el premio", en terminología de Pablo (véase 1 Corintios 9:24-27). Si una rama se niega a llevar fruto, el viñador simplemente decide quitarla de la tierra (véase 1 Corintios 11:27-32).

¿Para qué te salvó Dios? Para que lleves fruto en este mundo. Vives en un planeta hambriento, con personas necesitadas de realidad espiritual. Muy a menudo, cuando ocurren movimientos extraños en nuestra nación, quizás pienses: *Tal vez ellos sepan más de la vida real que yo.* No, no es así. Solo buscan vida real. Están hambrientos, incluso famélicos de realidad espiritual.

Jesús quiere *usarte* para mostrarles dónde encontrarla.

Llevar fruto para otros

Ningún pámpano lleva fruto para sí mismo, sino para que otras personas lo coman.

Dios desea que lleves fruto porque vivimos en un mundo espiritualmente hambriento. Dios *nunca* ha cultivado fruto espiritual en una rama para que esta lo consuma. El fruto existe para nutrir a otros.

Si estás lleno del Espíritu de Dios, eres un pámpano conectado a la vid verdadera. El regalo de vida va de Jesucristo a otros a través de ti como pámpano. El fruto viene a través de tu vida, y la gente a tu alrededor lo consume. La eficacia de la obra de Dios en tu vida produce curiosidad en las personas e influye en gran manera para llevarlos al Señor.

Cuando estamos unidos a Jesús y permanecemos en Él, su vida fluye a través de nosotros y en nosotros. En esa manera llevamos fruto. Cuando nos ponemos a disposición de Jesús, Él se pone a nuestra disposición. Esta es la voluntad de Dios para toda persona salva. Dios quiere *usarte* para su gloria.

Seis clases de fruto espiritual

El fruto espiritual viene en muchas variedades. Todas las seis clases de fruto espiritual que voy a describir se mencionan en las Escrituras, pero esta no es una lista exhaustiva. La veo simplemente como un lugar útil para empezar.

1. El principio de ganar almas

Cuando un hombre me invitó a la iglesia hace muchos años no sabía que acababa de invitar al individuo que se convertiría en su próximo pastor. En ese momento yo administraba una sala de billar como desertor de colegio y adolescente alcohólico, sin ninguna dirección ni propósito en la vida.

Un día, un carpintero me dijo: "Johnny, quiero que vengas a la iglesia y escuches la historia de Jesús". Cuando fui unos domingos después, Jesucristo cambió mi vida.

Fui a la universidad y luego al seminario. Después de graduarme, esa misma iglesia me llamó y fui su pastor durante seis de los mejores años de mi vida. Dios produjo mucho fruto durante ese tiempo. Cuando me preparaba a dejar esa iglesia para pastorear en otra parte alguien revisó los registros que llevábamos, y descubrió que en el año que llegué a la fe se habían bautizado más personas que en cualquier otro año durante el medio siglo de historia de la iglesia. ¿Sabes por qué? Cuarenta y cinco de mis amigos se salvaron como resultado de que yo fuera salvo. Comencé a hablar a mis amigos de lo que Jesús había hecho en mi vida.

¿Fue difícil hacer eso? No, si estás conectado a la vid. Este es simplemente el principio de ganar almas.

Primero vienen las hojas verdes, luego la flor y después el fruto. Pablo se refirió al proceso en Romanos 1:13, donde habló a los miembros de la iglesia romana de su deseo de visitarlos "para tener también entre vosotros algún fruto, como entre los demás gentiles". ¿Qué clase de fruto tenía en mente el apóstol? Anhelaba ganar gentiles para Jesucristo.

Las Escrituras nos dan al menos cinco representaciones de este principio de ganar almas.

Un cazador. Proverbios 11:30 expresa: "El fruto del justo es árbol de vida; y el que gana almas es sabio". La palabra "gana" recuerda a un cazador que captura su presa. A veces "rastreamos" un alma perdida para llevarla a Cristo.

Un pescador. Esta representación viene de Marcos 1:17, donde Jesús les dijo a Pedro y sus amigos: "Venid en pos de mí, y haré que seáis pescadores de hombres". Jesús comparó a la evangelización con pescar. Debemos mantener fuera un sedal. Viajo mucho, y cuando lo hago intento mantener fuera un sedal. Nunca sabes cuándo atraparás algo o cuándo engancharás algo que te brinde la oportunidad de hablar del evangelio.

Un embajador. Uno de mis pasajes favoritos del Nuevo Testamento es 2 Corintios 5:20, donde Pablo escribe: "Somos embajadores en nombre de Cristo, como si Dios rogase por medio de nosotros; os rogamos en nombre de Cristo: Reconciliaos con Dios". Pablo compara aquí un evangelista con un embajador.

¿Qué sabemos sobre los embajadores? Viven en una tierra extranjera, representando a su propio rey o país. Si su nación se mete en problemas, el rey los llama a casa.

Soy un embajador para Cristo. Vivo en este mundo, pero no es mi verdadero hogar. Represento a Jesús ante quienes aún no lo conocen. Vivo en este mundo, pero no intento vivir como si fuera de este mundo.

En ocasiones, durante mis años como pastor, los miembros de la iglesia me escribían notas anónimas. Uno de ellos preguntaba: "¿Cómo puedes votar 'no' en el referendo de licores y luego jugar golf en un campo donde sirven cerveza?". La respuesta es: Soy embajador de Cristo y lo represento ante quienes aún no lo conocen. Dios no me llamó a entrar a un monasterio, sentarme en un rincón y no hablar de mi fe con nadie.

Dios me ha llamado a ser sal y luz en este mundo. Soy un ganador de almas.

Nunca te pongas tan espiritual que digas: "No voy a ninguna parte donde se hace algo malo". ¿Has leído a dónde iba Jesús? Sus enemigos lo llamaron borracho porque iba donde estaban los borrachos, a fin de ganarlos para el reino de Dios. Que el Señor nos ayude a ir donde está el mundo perdido, ¡y allí ser sal y luz! Soy un embajador para Cristo y estoy aquí hasta que mi Rey me llame a casa.

Un segador. Jesús dijo una vez a sus discípulos: "¿No decís vosotros: Aún faltan cuatro meses para que llegue la siega? He aquí os digo: Alzad vuestros ojos y mirad los campos, porque ya están blancos para la siega" (Juan 4:35). Mientras hablaba, Él y sus discípulos observaban una multitud de samaritanos no salvos que se acercaba. *Ellos* eran la cosecha que Jesús tenía en mente.

Un bombero. En Zacarías 3:2, el Señor reprendió a Satanás y dijo acerca de cierto hombre que Dios pretendía usar: "¿No es éste un tizón arrebatado del incendio?". Aún tengo una profunda convicción de que los perdidos están yéndose al infierno y que debo salir y sacarlos del fuego. Soy un bombero para Jesús.

Hace algunos años, una pareja misionera de Uganda se quedó en nuestra casa.

—¿Cómo es la situación allá? —le preguntó alguien al esposo—. Los mapas turísticos nos sugieren no ir a Uganda, pues allá se vive entre gente que con regularidad porta armas automáticas que usan para matar turistas y visitantes. ¿No te da miedo por tu esposa y tus dos hijos pequeños?

—Oh, no —contestó él—. Estamos allí por la voluntad soberana de Dios. Fue Él quien nos envió allá.

Entonces el esposo sonrió.

—¿Puedo decirte qué me hace superar mi miedo? —preguntó.

—Por supuesto —respondió su entrevistador asintiendo con la cabeza.

—En primer lugar, Dios no me ha dado espíritu de temor. Y, en segundo lugar, lo que me hace superar el miedo es el hecho de que esas personas irán al infierno cuando mueran si nunca escuchan el evangelio.

Como puedes ver, somos bomberos.

2. El principio de la vida santificada

Santidad se refiere a la belleza y el carácter de Dios que exhiben nuestras vidas diarias. Santidad significa crecer en conducta piadosa, parecerse cada vez más a Jesús. Cuando hablamos de la vida de Cristo, mostramos su carácter.

Romanos 6:22 explica: "Ahora que habéis sido libertados del pecado y hechos siervos de Dios, tenéis por vuestro fruto la santificación, y como fin, la vida eterna". El tema de Romanos 6 es la victoria sobre el pecado y el fruto de esta victoria es una vida santa.

La santidad no puede fabricarse, sino que debe venir de adentro, del Dios todopoderoso. Jesucristo es la vid verdadera que envía su vida a través de la rama. Cuando te rindes a Jesús, la santidad empieza automáticamente a ser parte de tu vida. Como pámpano de una vid sagrada, llevas fruto santo. Cuando respondes en forma apropiada, te llenas de amor, gozo y paz.

Cada persona de Dios debe ser santa y llevar una vida santa. Es la voluntad de Dios que tu vida sea santificada.

3. El principio de compartir con otros

Si plantas un manzano tienes derecho a suponer que un día crecerá, tendrá hojas y flores, y dará fruto. Si eso no sucede, buscarás un experto que te ayude a solucionar el problema, porque los manzanos deben producir fruto para bendecir a otros. Las ramas existen para llevar fruto.

Una iglesia que pastoreé en cierta ocasión debía recaudar 1.200.000 dólares en treinta días. Queríamos comprar una propiedad que considerábamos crucial para nuestra misión, pero hasta ese momento solo contábamos con 400.000 dólares. ¿Cómo conseguiríamos ese dinero? No lo sabíamos, pero por fe creímos que de alguna manera obtendríamos lo que necesitábamos.

Me llamaron del banco y dijeron: "Johnny, tu iglesia no tiene deudas. Nuestro banco te prestará el dinero". No teníamos plan B. El Espíritu Santo había dicho: "He aquí tu plan A: Confía en mí. Te daré los 1.200.000 dólares. Y al darte ese dinero haré que mi nombre sea fuerte en tu región".

En medio de este episodio alguien me dijo: "Predicador, estás yéndote por las ramas con relación a la iglesia. Lo sabes, ¿verdad?".

Cuando un pastor amigo mío escuchó este comentario, replicó: "Hermano, llévala por las ramas. Allí es donde está el fruto". Nunca he olvidado su consejo.

Dar a Dios, y en su nombre a otros, es resultado de quiénes somos y qué somos. Cuando un pámpano recibe vida de la vid, no puede dejar de dar. El pámpano *existe* para dar. Para un pámpano, vivir y dar casi son sinónimos. Por eso el apóstol Juan escribió: "El que tiene bienes de este mundo y ve a su hermano tener necesidad, y cierra contra él su corazón, ¿cómo mora el amor de Dios en él?" (1 Juan 3:17).

Un creyente no puede aferrarse de manera egoísta a cualquier bendición material que Dios le haya dado. Imagínate que pasas por un cultivo de manzanas, miras hacia arriba y ves una hermosa manzana, pero cuando estiras la mano para agarrarla, las ramas del árbol se extienden, te golpean la mano y exclaman: "No te atrevas a agarrar esa manzana. ¡Es nuestra!". ¿Qué clase de locura sería esa?

Jesús te ha dado vida, y quiere que compartas lo que te ha dado. Si eres un pámpano, no tiene sentido que digas: "No compartiré lo mío, quiero conservar este fruto para mí".

Por supuesto, la historia es diferente si no eres hijo de Dios. Si no eres un pámpano, entonces no tienes nada que ofrecer. Un tronco no da fruto; la rama es la que lo da. Podrías merodear por la base de un árbol, pero tal vez nunca te han injertado en la vid verdadera. Quizás hayas estado merodeando alrededor del árbol porque te gusta la forma en que sus ramas cantan. Tal vez te guste de vez en cuando estar cerca de una rama interesante que, al menos, no te aburre. Pero la verdad es que solo andas merodeando alrededor del árbol, pero no te han injertado en la vid.

Una vez que Dios te injerta, no solamente te regocijarás en lo que Dios está haciendo en algún predicador, sino que el predicador se regocijará en lo que ve que Dios hace en ti cuando compartes tus recursos con otros.

4. El principio del Espíritu

La Biblia instruye a los cristianos a desarrollar cualidades personales que denomina "fruto": cualidades como amor, gozo, paz, paciencia, templanza, dominio propio y mansedumbre. El apóstol Pablo llamó a este grupo de cualidades "el fruto del Espíritu" (véase Gálatas 5:22-23).

Sé que por mi cuenta no puedo producir amor, gozo, paz y las demás cualidades. Sin embargo, si estoy vitalmente conectado a la vid verdadera y ella es la fuente de todo amor, gozo, paz, paciencia, sobriedad, dominio propio y mansedumbre, entonces estas cualidades espirituales comenzarán inevitablemente a aparecer en mi vida.

Como estoy conectado a la vid, esta envía su vida a través de mí como pámpano y con el tiempo empiezo a llevar fruto espiritual. Las cualidades como amor, gozo y paz comienzan a florecer y crecer en mí, las personas empiezan a decir: "Me gusta estar cerca de ti. Siempre me siento mejor después de pasar un tiempo juntos. Nuestras conversaciones me alientan".

A medida que estas cualidades aparecen en ti, emiten un aroma tan agradable que llama la atención de quienes aún no conocen a Jesús. Cuando comiencen a ver que el fruto crece, querrán algo para ellos, y así el reino de Dios se extenderá.

Desde luego, el mundo tiene sustitutos para estas gracias cristianas, pero no puede duplicarlas. Las personas no salvas pueden disfrutar de amor, pero no pueden producir el amor *ágape* profundo que viene solamente del corazón de Jesucristo. El mundo produce entretenimiento e incluso pequeñas explosiones de felicidad, pero no puede fabricar el gozo profundo que viene de Jesucristo. Lo mismo es cierto para cada una de las cualidades espirituales que la Biblia llama fruto.

Aunque el mundo puede fabricar débiles ecos de fruto espiritual, no puede reproducir verdadero fruto. Dios produce manzanas reales y cerezas auténticas; el mundo solo puede hacer adornos de cera.

5. El principio del servicio

La Biblia enumera las buenas obras como otro tipo de fruto espiritual. Tales obras no te salvan, pero una persona salva debe producirlas regularmente. Pablo nos dijo que debemos llevar "fruto en toda buena obra" (Colosenses 1:10). Jesús mismo nos instruye: "Así alumbre vuestra luz delante de los hombres, para que vean vuestras buenas obras, y glorifiquen a vuestro Padre que está en los cielos" (Mateo 5:16).

Estas buenas obras están adaptadas para cada creyente. Dondequiera que vivas, trabajes, compres, te quedes o pases el tiempo, o a cualquier escuela que vayas, Dios tiene cierto fruto hecho a tu medida que quiere producir en ti para satisfacer las necesidades de personas hambrientas en tu rincón del mundo. Hay quienes a veces me dicen: "Johnny, quisiera poder llevarte donde trabajo para que ministres allí a las personas". Aunque me encantaría ir a ministrar a esa gente, pienso en algo mucho más emocionante: que *tú* vayas a donde ya estás y ministres a quienes están a tu alrededor.

Si eres creyente, el mismo Espíritu Santo que produce fruto en mí también vive en ti, produciendo el mismo fruto. ¡Permítele hacer su obra! Dios tiene personas en tu vida *ahora mismo* que necesitan probar el fruto de Cristo a través de ti. Yo nunca podré ministrarles, pero tú sí puedes hacerlo.

El Dios todopoderoso te permite hacer buenas obras únicas y adaptadas a tu situación de vida. Efesios 2:10 manifiesta: "Somos hechura suya, creados en Cristo Jesús para buenas obras, las cuales Dios preparó de antemano para que anduviésemos en ellas". Cada creyente tiene su propio ministerio que cumplir. No necesitamos competir con otros creyentes en la voluntad de Dios.

6. El principio de la alabanza del Espíritu

Otro tipo de fruto espiritual en tu vida es la alabanza de tus labios. Hebreos 13:15 nos dice que "ofrezcamos siempre a Dios… sacrificio de alabanza".

Un "sacrificio de alabanza" significa que eres agradecido con tu Señor. Mientras los adoradores del Antiguo Testamento llevaban el fruto del campo como sacrificio a Dios, los adoradores del Nuevo Testamento llevan el fruto de sus labios como alabanza a Dios.

Una de las razones principales por las que Dios nos ordena

reunirnos de manera regular para adorar es alabarlo y darle gracias. Deberíamos decir: "Gracias Jesús. Me despertaste otra vez esta mañana, me diste una buena semana y me mantuviste con vida. Las columnas de obituarios estuvieron llenas todos los días de esta semana, pero yo aún estoy vivo".

Dios ha contado cada uno de nuestros días (véase Salmos 139:16). La única razón por la que todavía estás respirando es porque Dios te concedió aliento para respirar, así que alaba su nombre y agradécele por su bondad para contigo.

¿Qué clase de alabanza debemos ofrecer? Puedo imaginar todos los tipos de alabanza en nuestras iglesias, diferente a algo frío y muerto. He escuchado decir a la gente: "Me siento incómodo en esa iglesia porque aplauden. ¡Algunas personas incluso gritan 'amén' y 'gloria!' Creo que buscaré una iglesia más propicia para mi preferencia de adoración". Les digo que vuelvan a Hebreos 13:15 y se aseguren de que su actitud hacia la adoración se base en la Palabra de Dios.

Toda iglesia debe ser un organismo agradecido, grato y que alaba. Las palabras habladas, cantadas o incluso gritadas deben alabar y glorificar a Dios. No obstante, al mismo tiempo, la alabanza forzada es vacía. Así como no tienes que obligar a un árbol a producir cierta clase de fruto, no deberías tratar de forzar cierto tipo de alabanza en la iglesia.

Si yo entrara a una iglesia y alguien dijera: "Levanta las manos y alaba al Señor", pensaría: *No tienes que obligarme a hacer eso.* O quizás en otra iglesia alguien declare: "Observa que el boletín dice que no aplaudas aquí". Otros podrían expresar: "Comprende, por favor, aquí no levantamos las manos". ¿Por qué obligar que la alabanza sea de una u otra manera? El fruto simplemente *es*; no lo fuerces de ninguna manera.

Por favor, no me digas lo que puedo hacer o no en la presencia de Dios. Él es Dios y este mundo le pertenece. Si pone en mi corazón pararme y gritar, entonces debo pararme y gritar. No obligues a alabar dentro de algún molde predeterminado. Algunos días he ido a la iglesia sin sentirme bien. Pero cuando el fruto de alabanza pasó por mis labios, algo cambió. No lo forcé, ni determiné de antemano cómo debía ser. Sin embargo, en la alabanza y acción de gracias auténticas y no forzadas encuentro a Dios. Y por medio de ellas, Él cambió mi mundo.

Resultados a diferencia de fruto

Existe gran diferencia entre resultados y fruto. En primer lugar, aunque los resultados no necesariamente crean más resultados, el fruto siempre tiene el potencial de llevar más fruto. El fruto produce semillas que pueden plantarse para producir más fruto, mientras que los resultados a menudo son "uno y listo".

En segundo lugar, Jesús quiere que nuestro fruto permanezca, no que desaparezca: "Yo os elegí a vosotros, y os he puesto para que vayáis y llevéis fruto, y vuestro fruto permanezca" (Juan 15:16). Los resultados no siempre permanecen, pero el fruto espiritual *siempre* permanece. Estoy interesado en producir fruto que permanezca.

Una noche hace años volé a Asheville, Carolina del Norte, a fin de hacer un servicio conjunto para dos iglesias. Un hombre como de cincuenta años se salvó, junto con una niña pequeña y dos chicos pequeños. Después del culto, una jovencita se acercó para hablar conmigo.

—No espero que me recuerde —comentó—, pero mi madre me dijo que no saliera sin contarle mi historia.

Entonces observé que algunas otras jóvenes se le habían unido.

—¿Ve estas chicas conmigo? —preguntó la joven.

—Sí —contesté.

—¿Recuerda que predicó en Southport, Carolina del Norte, en junio de 1987?

—Sí, lo hice en la convención estatal. Si mal no recuerdo, era un salón con mil asientos y tuvimos mil cien adolescentes allí.

—Quiero que sepa que todas mis amigas fueron salvas esa semana —continuó ella—, y están aquí esta noche para agradecerle. También quiero que sepa que yo ya era cristiana. Las llevé conmigo para que pudieran salvarse. Dios no solamente las salvó, sino que me llamó al servicio cristiano de tiempo completo. Acabo de graduarme del seminario. Han pasado ocho años desde que lo vi a usted y ahora estoy en el ministerio de niños de esta iglesia.

¡*Ese es fruto* que permanece!

Esta joven y sus amigas no fueron los "resultados" de mi ministerio, sino que sin duda fueron "fruto" del ministerio de la vid verdadera. No luché por lograr que ella se salvara; solo fui un pámpano conectado a la vid.

Si te preocupa si Jesús atrajo realmente a alguien, entonces escribe el nombre de esa persona y en un año averigua dónde se encuentra. Y que conste, nunca me preocupa tanto cuántas personas responden a algún mensaje que doy como cuántas de ellas todavía caminan con Jesús un año más tarde. Quiero fruto que permanezca.

Prepárate para una cosecha abundante

Jesús vino a la tierra para que puedas tener vida y tenerla en abundancia. Por tanto, ¿cómo puedes tener esa vida abundante?

Asegúrate de ser salvo. No permitas ninguna duda en tu mente acerca de si perteneces a la vid verdadera. Resuelve esa duda para siempre y luego ríndete en total sumisión a Jesús.

Deja que el Señor haga lo que elija hacer a través de ti. Recuerda, si eres un pámpano no puedes hacer nada por tu cuenta. Jesús advirtió en forma enfática: "Separados de mí nada podéis hacer" (Juan 15:5). ¿Y qué tal junto a Él?

Prepárate para una cosecha abundante.

Parte 2

TRANSFORMADOS POR JESUCRISTO

7

CAMBIADOS DE ADENTRO HACIA AFUERA

Un amigo escribió una vez un artículo sobre las resoluciones de Año Nuevo recogidas por el periódico *USA Today*. Aproximadamente el 75 por ciento de los adultos encuestados dijeron que creían que la vida de toda persona tenía un propósito y un plan fundamental. Casi el 90 por ciento de encuestados afirmaron que creían que era importante buscar propósito y significado superiores en la vida, y el 67 por ciento estuvieron de acuerdo con la declaración: "Una prioridad importante para mí es encontrar mi propósito más profundo".

¿Estás de acuerdo con esa afirmación? ¿Crees que *tu* vida tiene un propósito y un significado superiores?

La Biblia deja en claro que encontrar y cumplir tu propósito como cristiano debería motivarte. Debería sacarte de la cama cada mañana. Todo lo que tú y yo hacemos debe girar alrededor de vivir el propósito de Dios para nosotros.

¿Pero cuál *es* ese propósito de vida? ¿Conoces el propósito y el llamado de Dios para ti? ¿A dónde te diriges? ¿Estás avanzando? ¿Sabes a dónde te llevará tu actual dirección?

Los cristianos no tenemos un llamado más exaltado que llegar a ser como Jesucristo. Dios nos creó a ti y a mí para tener una relación creciente con Él, y Jesús hizo esto posible aplicando su justicia a nuestra cuenta por medio de su obra en la cruz.

¿Qué inconveniente habría si te volvieras como Aquel que murió por ti? ¿Cómo podría beneficiarte que llegues a ser cada vez más parecido a Jesús?

Un destino seguro

Establezcamos primero que el propósito y el plan de Dios para nosotros es realmente ser como su Hijo Jesucristo. Resulta que eso es muy fácil de hacer.

El apóstol Pablo declaró que Dios "predestinó [a todos los cristianos] a ser transformados según la imagen de su Hijo" (Romanos 8:29, NVI). El apóstol Juan declara que nuestro destino final es ser como Jesús: "Amados, ahora somos hijos de Dios, y aún no se ha manifestado lo que hemos de ser; pero sabemos que cuando él se manifieste, seremos semejantes a él, porque le veremos tal como él es" (1 Juan 3:2). ¡Piénsalo! Cuando Jesucristo regrese a esta tierra, todo aquellos que han puesto su fe en Él serán *total* y *completamente* conformados a la imagen de Cristo. ¡Qué maravilloso día será ese!

Sin embargo, hasta ese momento, las Escrituras declaran que Dios quiere que cooperemos continuamente con su Espíritu para que seamos cada vez más y más a la manera en que Jesús piensa, actúa y obra. Pablo le dijo a un grupo de cristianos que él trabajó muy duro por ellos, como una mujer en labor de parto, "hasta que Cristo sea formado en vosotros" (Gálatas 4:19). A otros cristianos les dijo que "la vida de Jesús" debía manifestarse incluso en los cuerpos de ellos (2 Corintios 4:10-11). Pablo declaró que a medida que caminamos con Jesús "somos transformados de gloria en gloria en la misma imagen, como por el Espíritu del Señor" (2 Corintios 3:18). También explicó que Dios nos otorgó apóstoles, profetas, evangelistas, pastores y maestros para ayudarnos a crecer juntos como cristianos, "hasta que todos lleguemos a la unidad de la fe y del conocimiento del Hijo de Dios, a un varón perfecto, a la medida de la estatura de la plenitud de Cristo" (Efesios 4:13).

Los creyentes debemos reflejar las actitudes de Jesús (Filipenses 2:4-5) y sus acciones (1 Pedro 2:21-23). Juan sostiene que quien afirma que permanece en Jesús "debe andar como él anduvo" (1 Juan 2:6). Debemos imitar a Jesús (1 Corintios 11:1; 1 Tesalonicenses 1:6), tal como Él mismo dijo a sus discípulos después de lavarles los pies sucios: "Ejemplo os he dado, para que como yo os he hecho, vosotros también hagáis" (Juan 13:15).

¿Quieres ser cada vez más como Jesús? Ese es el objetivo de Dios para ti en esta vida, y también es su propósito definitivo para ti en la eternidad. ¿Y cómo planifica el Señor lograr este milagro? Intenta cambiarte de adentro hacia afuera, usando en primera instancia la misma herramienta divina que utilizó para traerte a su familia: la gracia.

Dotado de poder moral

La gracia de Dios no solo te libera del castigo por el pecado; también te concede poder moral. Esto marca una diferencia decisiva para bien en ti. Escucha al apóstol Pablo:

> Porque la gracia de Dios se ha manifestado para salvación a todos los hombres, enseñándonos que, renunciando a la impiedad y a los deseos mundanos, vivamos en este siglo sobria, justa y piadosamente, aguardando la esperanza bienaventurada y la manifestación gloriosa de nuestro gran Dios y Salvador Jesucristo, quien se dio a sí mismo por nosotros para redimirnos de toda iniquidad y purificar para sí un pueblo propio, celoso de buenas obras (Tito 2:11-14).

Jesús no te salva solo de tu pasado, sino que te purifica para ser parte de su propio pueblo especial, deseoso de hacer lo correcto. Dios desea que tú y yo seamos apasionados en hacer buenas obras.

A todo cristiano se le ha dado una nueva naturaleza radical que le permite ser cada vez más como Cristo. Cuando Dios me salvó, no solo me llamó personalmente, también me permitió por gracia ser conformado a la imagen de Jesús. Necesito más que el llamado de Dios; ¡necesito su ayuda! Y Dios me la da por medio de su gracia. Él nos permite a ti y a mí reflejar nuestra nueva naturaleza en Cristo a través de una forma de vida radicalmente nueva.

Una transformación ocurre cuando alguien se salva auténticamente y recibe nueva vida en Jesús: Dios lo cambia de adentro hacia afuera. Empieza una metamorfosis, no solo de su naturaleza sino de su manera de vivir. La nueva naturaleza y el nuevo carácter del cristiano, y el Espíritu Santo morando en su interior, significan que el individuo renovado simplemente no puede seguir viviendo en pecado grotesco, sin ninguna evidencia externa de su nueva naturaleza santa y justa. Pablo escribió en Gálatas 2:20: "Con Cristo estoy juntamente crucificado, y ya no vivo yo, mas vive Cristo en mí; y lo que ahora vivo en la carne, lo vivo en la fe del Hijo de Dios, el cual me amó y se entregó a sí mismo por mí".

John MacArthur ha dicho: "Por su gracia divina, Jesucristo opera en nuestras computadoras, por así decirlo, para asignarles un formato y una programación por completo nuevos. Desecha los discos viejos y borra los programas y archivos anteriores, todos los cuales estaban invadidos de errores y 'virus' destructivos, y en su gracia los reemplaza con su propia verdad y justicia perfectas".[4]

El objetivo de la gracia

Casi siglo y medio después de su publicación, el himno cristiano número uno en los círculos religiosos de todo el mundo moderno

---

4. John MacArthur, *Comentario MacArthur del Nuevo Testamento: Tito* (Grand Rapids, MI: Portavoz, 2002), p. 134.

sigue siendo "Sublime gracia" de John Newton, publicado primero en 1779. ¿Qué hace a la gracia tan sublime? ¿Cuál es el objetivo de la gracia?

Recuerda cómo lo declara Tito 2:11-12: "La gracia de Dios se ha manifestado para salvación a todos los hombres, enseñándonos que, renunciando a la impiedad y a los deseos mundanos, vivamos en este siglo sobria, justa y piadosamente". La misma gracia que me salvó también me enseña. Antes incluso de escuchar un sermón contra la borrachera, la gracia de Dios ya me había enseñado que yo era un borracho. Dios empezó a prepararme para transformarme aún antes de oír un sermón del evangelio.

¿Qué quiere decir Pablo con que la gracia nos enseña? Quiere decir que la gracia nos instruye, nos adiestra, nos disciplina, nos educa, nos alimenta y nos castiga. La "enseñanza" de la gracia tiene dos lados: uno negativo y el otro positivo.

1. La gracia nos enseña a decir no

Antes de llegar a la fe, yo le decía "sí" a un montón de cosas feas. ¿Cómo aprendí a decir "no"? La gracia me enseñó. No solo me *dijo*, también me *preparó*. La gracia nos enseña que debemos llegar a repudiar de manera voluntaria todos los pensamientos, palabras y acciones que se oponen a la verdadera piedad.

La forma verbal "enseñándonos" está en tiempo presente, indicando un proceso continuo. Nadie se gradúa de la escuela de la gracia de Dios. Nunca llegará un momento en esta tierra en que puedas decir: "Gracias a Dios, finalmente me gradué de todo lo que esa gracia quería enseñarme". Mientras respires, seguirás recibiendo instrucción en la escuela de la gracia de Cristo.

La gracia nos enseña en parte advirtiéndonos. Uno de los versos más famosos de "Sublime gracia" dice: "Su gracia me enseñó a temer. Mis dudas ahuyentó". Una razón de por qué me gustan los himnos antiguos es que muchos de ellos fueron escritos por grandes

predicadores que enseñaron buena teología. Dios salvó a John Newton de una vida miserable de traficante de esclavos y lo convirtió
en un predicador con gran entendimiento de la Palabra de Dios.

La gracia también enseña preparándonos. Cuando yo tenía
veinte años de edad acepté la invitación de un hombre para visitar
su iglesia, e inmediatamente quedé bajo convicción. Dios empezó a
tratar conmigo respecto a mis pecados, y el Espíritu Santo comenzó
a llamarme. Todo esto me puso muy nervioso. Una dama que estaba
a mi lado debió haberlo notado, porque dijo: "¿No te gustaría ser
salvo hoy?".

Yo en realidad quería decir "sí", pero en aquellos días yo era
tímido y miedoso, por lo que contesté: "No, hoy no".

En los momentos siguientes oí decir al predicador: "Hay aquí
un hombre a quien Dios está hablándole. Oremos para que Dios lo
traiga de nuevo esta noche y lo salve". ¡Glup! En el camino a casa
le dije a mi esposa que el predicador hablaba de mí, lo cual llevó a
una interesante conversación.

En aquellos días me gustaba jugar, y gané mucho dinero jugando
billar. Iba al Red Fox Saloon, bebía licores fuertes con un grupo de
amigos y llegaba borracho a casa un par de noches a la semana. Yo
era completamente irreligioso. Nadie en mi familia había asistido
jamás a las actividades de la iglesia. Después de esa primera visita
a la iglesia le dije a mi esposa: "Janet, esta noche regresaré allí y le
entregaré mi vida a Jesucristo".

Pero un pensamiento me atormentó: *¿Y si Dios no me cambia?
Es decir, ¡mírame! Si Dios no me cambia vendré con una etiqueta
cristiana, pero no tendré el poder para vivir una nueva vida.*

Yo sabía muy bien lo profundo que había caído en el pecado,
y quería salir. Pero también sabía que no tenía las fuerzas por mi
cuenta para comenzar una vida nueva y limpia. Así que le dije a
Janet: "Si Él no me cambia, abandóname cariño, porque volveré al
billar". Realmente pronuncié esas palabras.

¿Pero sabes qué sucedió? Esa noche me encontré con el Jesucristo vivo, quien me salvó y me cambió. Desde ese día, Janet nunca más tuvo que volver al salón de billar para rescatarme.

Antes de eso no había escuchado a alguien enseñar los Diez Mandamientos, pero en las primeras semanas después de mi conversión, la gracia de Dios me enseñó a limpiar mi lenguaje y dejar de tomar el nombre del Señor en vano (una mala costumbre mía). Y no me dijo simplemente que limpiara mi lenguaje; me dio el poder para hacerlo.

¿Qué quiere decir Pablo con que "renunciamos a la impiedad"? La palabra "renunciamos" conlleva la idea de una acción consciente y decidida de la voluntad. Significa decir *¡no!* Es confesar y alejarse conscientemente de todo lo pecaminoso y destructivo, y movernos hacia lo que es bueno y piadoso. La palabra "impiedad" se refiere a falta de verdadera reverencia y devoción a Dios. El término griego original describe lo contrario a la piedad; habla de rebeldía hacia la persona de Dios u hostilidad hacia el lugar sagrado de Dios.

En el templo casi no vemos rebeldía hacia la persona de Dios, pero con frecuencia oirás decir a alguien: "Soy cristiano, pero no participo en las actividades de la iglesia". Eso es rebeldía hacia el lugar de Dios. Si afirmas ser cristiano, es mejor que aprendas a reunirte con el pueblo de Dios, o serás un individuo miserable cuando llegues al cielo (si logras ir allá).

La palabra "impiedad" aparece como el adjetivo "profano" o "impío" en Hebreos 12:16 para describir a un hombre llamado Esaú, el hijo mayor de Isaac. John Phillips expresó: "Profano significa que en su vida no había un recinto sagrado donde Dios pudiera habitar".

Si pudieras abrir la vida de Esaú y ver el sitio donde Jesucristo querría vivir, no habrías visto ningún recinto sagrado donde lo sagrado pudiera habitar. *¡Ningún lugar para Dios!* ¿Puedes estar en la iglesia y tener lugar para muchas actividades religiosas, pero no tener lugar para Dios? Por supuesto que sí.

William Barclay, uno de los más grandes eruditos bíblicos declaró: "La palabra [*profano*]… se aplicaba al terreno que era *profano*, en oposición al terreno *consagrado*. En el mundo antiguo había religiones en las que solamente los iniciados podían participar. [*Profano*] era cualquier persona que no estuviera iniciada ni interesada, en contraposición con el que era *devoto*… se aplicaba a los judíos apóstatas que habían renegado de Dios".[5]

¿Quién es un apóstata? Es alguien que llega a estar muy cerca de hacer un verdadero compromiso con Jesucristo, pero que nunca da el salto de fe. Finalmente da media vuelta, se va y nunca regresa. El término se relaciona con nuestro vocablo *umbral*. Quizás alguien está en la iglesia, es activo y se mueve hacia Dios. Tal vez llega hasta el umbral, el lugar por donde entras… y entonces se detiene y se aleja. Esa persona podría llamarse "impía", independientemente de la cantidad de tiempo que haya pasado en la iglesia haciendo actividades religiosas.

¿Podría ser que tengamos miles de personas en nuestras iglesias que llegaron hasta el umbral, pero que nunca entraron? Cuando lleguemos a la eternidad descubriremos por qué nunca hablaron de su fe, ni dieron ni mostraron el fruto del Espíritu en sus vidas. Es más, no habían cruzado el umbral. Nunca habían aceptado por completo a Jesús. No se habían convencido completamente del evangelio.

Eran impíos.

Impío describe al individuo cuya mente no reconoce nada más elevado que la tierra, para quien nada es sagrado y que no tiene reverencia por lo invisible. Un impío no tiene conciencia de Dios ni interés en Él. Es completamente terrenal en sus pensamientos, propósitos y placeres.

El problema de Esaú era que trataba sin ninguna consideración

---

5. William Barclay, *Comentario al Nuevo Testamento* (Barcelona: Editorial Clie, 1999), p. 922.

los asuntos espirituales, lo cual demostró luego al vender su primogenitura para satisfacer su apetito. Todo el Antiguo Testamento pudo haberse escrito de modo diferente si Esaú hubiera obedecido a Dios. En lugar de hablar de Abraham, Isaac y Jacob, podríamos estar hablando de Abraham, Isaac y Esaú. Aunque Esaú era el primogénito, le importó un comino lo que esto significaba. Esaú tenía el derecho de convertirse en el sacerdote familiar, pero el papel no le interesó. No le interesó participar en el árbol genealógico de Jesucristo. Rastreamos la línea familiar de Jesucristo hasta Jacob, ¿pero pudo haberse rastreado hasta Esaú? Como el primogénito, Esaú pudo haber heredado doble porción de la propiedad de su padre, pero prefirió la gratificación inmediata en lugar de esperar lo mejor. Por eso la Biblia lo llama "impío".

¿Estás sacrificando lo eterno por lo temporal? ¿Te importa más la tierra que el cielo? Tenemos muchas personas en la iglesia que supuestamente viven para el Señor, pero luego simplemente se van. En el sur tenemos una palabra para aquellos que permanecen por un tiempo, pero después dejan de vivir para Jesús. Los llamamos *descarriados*. Entonces, ¿por cuánto tiempo puede permanecer descarriada una persona?

Supón que un individuo hace profesión de fe y permanece en la iglesia durante seis meses, pero durante los próximos treinta años vive como borracho, fornicario o ladrón. ¿Qué pasó en su caso con la gracia favorable? ¿No le hizo Dios la promesa que me hizo? ¿Recibió este individuo algo que no funcionó? ¿O nunca lo recibió realmente?

Supón que otro individuo creció en un hogar cristiano. En edad preescolar cantaba en el coro la canción "Cristo ama a los niños". Cuando creció participó activamente en el ministerio cristiano Awana, donde podía recitar decenas de versículos bíblicos y aprendió todo sobre las características del carácter cristiano. Como estudiante de secundaria viajó con un grupo misionero a Cleveland,

Ohio, donde repartió tratados evangélicos en la calle. En el colegio se unió al coro estudiantil y realizó un viaje misionero a Argentina.

¿Asistir a Awana hizo que este individuo fuera cristiano?

¿Unirse a coros estudiantiles lo hizo cristiano?

¿Realizar un viaje misionero lo hizo cristiano?

Todo esto es bueno, ¿verdad? ¿No nos sentimos bien con eso? Esa es la pregunta equivocada. La pregunta correcta es: ¿Tiene esta persona en su vida un recinto sagrado donde Dios habita? Todo lo demás es bueno, pero no tiene que ver con Dios.

¿Y si una persona recorre un pasillo en respuesta al llamado de un evangelista? ¿Es salva esa persona? Todo depende de su motivación. Si entregó de veras su vida a Jesús, entonces la vida posterior de esa persona lo mostrará. Si no, su gracia no es sublime, es lamentable. Ese individuo no tiene ningún recinto sagrado para Dios.

¿Tienes un recinto sagrado para Dios? ¿Eres piadoso o impío en lo profundo de tu corazón? ¿Te pareces más a Abraham o a su nieto Esaú?

Esaú creció con gran luz. Era el deber de todo padre piadoso contar a sus hijos las historias sagradas para que no olvidaran lo bueno que Dios había sido con ellos. Imagino a Esaú cuando era niño colocado en las rodillas de su abuelo, escuchando decir a Abraham: "Te contaré sobre el monte Moriah". Dios le otorgó a Abraham visión espiritual para mirar el futuro, y estoy seguro de que habló de eso. Esaú tuvo todas las oportunidades, tanto como cualquier persona en su tiempo, de conocer y seguir a Dios. No provenía de una familia impía. Sin embargo, de alguna manera Esaú no tenía un recinto sagrado para Dios. A pesar de su herencia piadosa, Esaú era un hombre impío.

¿Cómo sabes si alguien pertenece realmente a Dios? Si una persona salva se aleja de Dios, normalmente no se aleja por mucho tiempo porque la gracia le enseña, lo prepara y lo castiga. La gracia lo disciplina.

¿Y si esa persona peca tan libremente como respira y no dice con lágrimas de quebrantamiento: "Mira lo que estoy haciéndole a mi Salvador"? Entonces tal individuo no tiene recinto sagrado para Dios. Es impío.

Hace décadas, cuando le manifesté a mi esposa en voz alta mi preocupación sobre si debía llegar a ser cristiano, ella me contestó: "Johnny, Él te cambiará. Pasa adelante esta noche cuando el señor Gibson haga la invitación. Ve al frente, cariño, y entrégale tu vida a Jesucristo. Dios te cambiará". ¡Y Él lo hizo!

Desearía poder decir que no volví a pecar después de llegar a la fe, pero sería mentira. Peco, pero no puedo pecar y estar feliz por eso. Siempre me siento sucio después. Me muero por estar bien con Dios.

Cuando Dios te llama a una nueva vida, no te pide simplemente que te alejes de algo; también te invita a moverte hacia algo más. No solo es lo que rechazas, sino también lo que adoptas.

2. La gracia nos enseña a decir "sí"

Alguien nacido de nuevo ya no está bajo el dominio de Satanás y del pecado. Ha sido radicalmente cambiado y ha recibido una nueva naturaleza. Está llamado y habilitado para llevar una vida piadosa. Dios le da poder para reflejar su nueva naturaleza a través de una forma de vida radicalmente nueva.

Al confiar en Jesús, el individuo se convierte en testigo de la obra de Cristo. Si va a dar testimonio a alguien sobre cómo Jesús lo ha transformado, testificará no solo con los labios, sino que su vida también hablará. Quienes observan verán un cambio significativo en esa persona. Cuando alguien es auténticamente salvo y recibe nueva vida en Jesucristo, experimenta una transformación radical. Se lleva a cabo una metamorfosis.

Dios te cambia de adentro hacia afuera. Empiezas a sentirte de manera diferente. Actúas de modo diferente, piensas en forma diferente y, en esencia, Dios te convierte en alguien diferente. Él te da su naturaleza, su carácter y, debido a que el Espíritu Santo habita en ti, simplemente no puedes seguir viviendo en rebeldía y pecado. La naturaleza justa de Dios se vuelve una creciente realidad dentro de ti.

Si vas a tener influencia en tu vida, no se deberá a lo que dejaste de hacer, sino a lo que empiezas a hacer. La paja se disipará y el fruto florecerá una vez que el nuevo hombre se vuelva dominante en tu vida. Tito 2:12 afirma que todo convertido debe "vivir en esta época de manera sobria, justa y piadosa" (RVC).

¿Qué significa vivir de manera "sobria" o sensata? Debemos desarrollar una mente sana. Una persona salva tiene dominio sobre los asuntos de su vida y ejerce moderación en sus pasiones y deseos. Nadie lleno del Espíritu se descontrola, porque la gracia lo aconseja y le enseña. Está bajo el control de Jesús. Los creyentes pueden ser conformados a la mente de Cristo, la cual gobierna sus pasiones y deseos.

Esto no significa que, una vez que pones tu fe en Jesucristo, tus pasiones y deseos desaparecen y nunca vuelves a tener tentaciones de pecar. Tus pasiones y deseos no desaparecen, pero sí están bajo la potestad normativa de Jesucristo. Por eso es que está mal que un hombre diga: "Vaya, no sé cómo pude haberme portado así de mal". Sé *exactamente* cómo pudo hacerlo. Dame treinta segundos separado de Jesucristo y de la potestad normativa de su gracia, y haré lo mismo. Comprendo por qué Charles Spurgeon dijo de quienes están condenados a muerte: "Si no fuera por la gracia de Dios, allí iría yo".

Pablo también nos llama a vivir "de manera justa". Nuestra fe en Cristo debería cambiar nuestras relaciones tanto con los creyentes como con los incrédulos. El término denota una conducta que no puede condenarse. La gente puede hablar de ti, mentir de ti y hasta conjeturar sobre ti, pero no puede decir nada realmente perjudicial acerca de ti porque has llevado una vida justa que no puede condenarse. *Thayer's Greek-English Lexicon of the New Testament* dice que la raíz de esta palabra significa "correcto". Dios quiere que vivamos con rectitud, cumpliendo las leyes divinas y humanas.

Mientras yo reflexionaba en este versículo de Tito, mi esposa y yo nos detuvimos en un semáforo. No venían autos y dije: "Voy a continuar en rojo".

"Será mejor que no lo hagas", me advirtió ella.

Inmediatamente pensé: *Si lo hago, no podré analizar el versículo con integridad.*

Vivir de manera justa significa comportarte de tal modo que nadie tenga ninguna razón para condenarte. Si me hubiera pasado ese semáforo en rojo (lo cual no hice), y un policía me hubiera visto, habría tenido toda la razón del mundo para condenarme. La rectitud requiere de nosotros una luz y una verdad en todos nuestros tratos. Significa que debemos vivir en integridad.

He intentado enseñar integridad a los hombres, pero esa no es una palabra fácil de definir. Un diccionario te dirá que significa plenitud, cabalidad, veracidad. Se trata de ser cabal en cada aspecto de tu vida, íntegro y veraz en todo.

Tal vez un individuo se vea bien en la iglesia, pero en el trabajo sea un vendedor de vehículos con poca credibilidad. Es un excelente abogado, pero engaña en sus impuestos. Es un mecánico confiable, pero un estudiante deshonesto. No, una persona justa es recta en *cada* aspecto. Debemos vivir de tal manera que en ningún aspecto de nuestras vidas o nuestra conducta otros puedan condenarnos legítimamente. Las personas deberían poder hablar de nosotros sin usar puntos suspensivos: "Creo que ama a Jesús, *pero…*". ¿Por qué en lugar de eso no pueden usar un punto o una exclamación?

La Biblia nos advierte que no demos "lugar al diablo" (Efesios 4:27), especialmente ya que Satanás solo necesita que le demos cabida para derribarnos. Por tanto, debemos vivir de manera sobria, justa y piadosa. Debemos vivir como personas piadosas.

Si una persona impía no tiene un recinto sagrado para Jesucristo en su vida, entonces ser piadoso significa que soy devoto. Alguien debería poder decir: "Esta persona es cristiana devota, comprometida con Jesús". Debemos *vivir* piadosamente. El verbo habla de la forma regular de vida de un individuo. Si estás casado, tu esposa debería poder decir de ti: "Él es un hombre piadoso". Escucha, si puedes ser alguien piadoso en casa, entonces puedes ser piadoso en todas partes. Pero si no eres piadoso en casa, ¿cómo puedes ser piadoso en otro lugar? ¿Qué te hace creer que de repente puedes empezar a actuar en forma piadosa en un viaje de negocios? Alguien piadoso niega conscientemente la impiedad en el espíritu de su voluntad. Una actitud de devoción suprema a Dios ha reemplazado su vieja actitud de indiferencia.

Finalmente, Pablo dice que debemos "vivir *en esta época* de manera sobria, justa y piadosa". Eso significa hoy día. Dios espera esto de nosotros *ahora*. Aquellos que reciben la enseñanza de la gracia de Dios están preparados para vivir de este modo *en este instante*. De ahí que la gracia divina en nosotros se convierta en un poderoso testimonio del poder salvador y transformador de Jesucristo. Cuando la gente nos observa, debería preguntar: "¿Qué hace que esta persona sea diferente? ¿Cómo puede negarse a pecar?".

Dios nos salvó para poder demostrar su gracia gloriosa a los demás. Él produce en nosotros el deseo de hacer lo recto y bueno, dando la gloria a nuestro Señor Jesucristo. Cuando eso sucede, influimos correctamente en las vidas de los incrédulos, en nombre del Señor. Por eso, el Señor Jesucristo nos ordenó vivir de tal forma "que vean vuestras buenas obras, y glorifiquen a vuestro Padre que está en los cielos" (Mateo 5:16). *¿De verdad?* Absolutamente.

La abuela de Janet, Selma Allen, fue una mujer maravillosa y piadosa. Antes de mi conversión, persistentemente insistió en que yo fuera a la iglesia. En ocasiones la acompañábamos a un culto dominical. Cuando alguien me hacía un llamado a ofrendar, yo buscaba en mis bolsillos, esperando tener un billete de un dólar. Pensaba: *De ninguna manera les daría un billete de veinte.* Todo eso cambió después que vine a la fe en Cristo. ¿Cómo cambié de tratar de asegurarme de darle a Dios lo menos que tenía a querer darle más y más? ¿Qué cambió la situación? En aquel entonces la gracia aún no había aparecido en mi vida. Pero cuando Dios me hizo conocer su gracia y me llevó a la fe, esa misma gracia comenzó a enseñarme a hacer lo correcto en cada aspecto de mi vida. Todavía me enseña, ¡gracias a Dios! Y su gracia seguirá enseñándome hasta que lo vea cara a cara.

Lo prioritario de proseguir

A pesar de todos sus logros, el apóstol Pablo dejó en claro que todavía consideraba que aún no había "alcanzado" todo en su vida cristiana. Admitió: "Prosigo, por ver si logro asir aquello para lo cual fui también asido por Cristo Jesús" (Filipenses 3:12).

La palabra griega traducida "prosigo" se usaba a menudo para un velocista. También se refería a alguien que actuaba de modo agresivo y enérgico. Pablo *prosiguió* con todas sus fuerzas en su relación con Cristo. Puesto que deseaba ser santo, prosiguió para ser más santo. Forzó todos sus músculos espirituales para obtener el premio puesto delante de él. ¿Y cuál era ese premio?

Ser como Jesús.

Para ser más como Jesús debes proseguir. Tienes que seguir moviéndote cuando decides que quieres levantarte temprano en la mañana para pasar la primera hora de tu día con tu Señor. Ese podría ser un estímulo nuevo para ti; quizás nunca haya sido parte de tu rutina. Pero si quieres ser más como Jesús, entonces debes hacer algunas de las mismas cosas que Él hizo, y algo que hacía con regularidad era levantarse temprano y pasar un tiempo sin prisa e ininterrumpido con su Padre.

¿Qué requiere de ti que tengas un tiempo sin prisa con Jesús?

¿Deberías levantarte quince o treinta minutos más temprano de lo acostumbrado? Sé que necesito ese tiempo con el Señor. Me ayuda a empezar bien mi día. Escribo en el diario, leo, oro. Y no siempre tengo deseos de hacer algunas de esas cosas. Muchas veces tengo ganas de pasar más tiempo en la cama. Pero prosigo. Me mantengo en movimiento.

Un cambio interior total

Dios nos cambia de adentro hacia afuera. Su Espíritu Santo fija su residencia dentro de nosotros y desde allí empieza una renovación total de nuestro carácter, nuestro comportamiento y nuestras vidas.

Donde yo era borracho, Dios me dio sobriedad.

Donde yo era mentiroso, Dios me dio verdad.

Donde yo era profano, Dios me santificó.

La gracia de Dios afecta mi conversación. Si me enojo con alguien, no le hablo del mismo modo que solía hacerlo. La Biblia declara: "Sea vuestra palabra siempre con gracia, sazonada con sal" (Colosenses 4:6). La gracia afecta *todo* en tu vida, permitiéndote llevar una vida santa y piadosa. Ese es el poder moral de la gracia.

Dios nos llama a demostrar su poder salvador en nuestras vidas. Con esto le mostramos que es un Dios amoroso; y por medio de esto lo glorificamos y atraemos a otros hacia Él. ¡Eso es lo que hace la gracia!

Nunca tomé un curso que me enseñara a vivir en sobriedad, pero la gracia me enseñó.

Nunca tomé un curso sobre cómo no tomar en vano el nombre de Dios, pero la gracia me enseñó.

Nunca tomé un curso sobre cómo dejar de pelear en la calle, pero la gracia me enseñó.

Nunca tomé un curso sobre cómo hablarle a mi madre, pero la gracia me enseñó.

Nunca tomé un curso sobre cómo tratar a mi esposa, pero la

gracia me enseñó. La gracia me enseñó a tratar a Janet como una dama. Me da vergüenza el modo en que la trataba antes de ser salvo. ¡El Espíritu de Dios debió haber tenido problemas conmigo cuando yo trataba de hablarle a Janet como solía hacerlo antes de ser salvo! Pero Él me perdonó. No solo me perdonó por mi boca sucia, sino que me la purgó. Me la limpió y le lavó mi pecado.

La gracia de Dios en Jesucristo es nuestra maestra. Es nuestra guía, nuestra consejera. Desde el momento en que somos salvos, inmediatamente nos hallamos bajo la tutela de Dios a través del Espíritu Santo y su Palabra.

La gracia es la principal herramienta de Dios para cambiarnos… de adentro hacia afuera.

8

MANTÉN LA BOLA EN JUEGO

Las Grandes Ligas de Béisbol y sus fanáticos aficionados mantienen registros de casi todo lo que sucede en casi todos los partidos que se han jugado. Sin embargo, una estadística recibe solo atención a tiempo parcial, y de manera no oficial. Si preguntaras: "¿Quién tiene el récord por batear la mayor cantidad de pelotas falladas en un turno al bate?", obtendrías varias respuestas conflictivas.

Roy Thomas, quien jugó desde 1899 hasta 1911, bateó extraoficialmente veintidós pelotas falladas en un turno al bate, veinticuatro en otra aparición en el plato y, en otro turno al bate, "tal vez" veintisiete. ¡Esas son muchas bolas falladas!

En la era moderna, dos jugadores al parecer tienen en común el récord no oficial. El 26 de junio de 1998, Ricky Gutiérrez falló catorce veces antes de ponchar. Seis años más tarde, el 12 de mayo de 2004, Alex Cora falló catorce lanzamientos consecutivos antes de lanzar un jonrón en el decimoctavo lanzamiento que le hicieron.

Pero sin duda el récord más interesante (y doloroso) no oficial en esta categoría le pertenece a Richie Ashburn, quien jugó en las grandes ligas desde 1948 hasta 1962. Como jardinero para los Phillies de Filadelfia, Ashburn se ganó la reputación de fallar lanzamientos para prolongar sus turnos al bate. En una entrada falló catorce veces. Una de sus bolas falladas en esa aparición en el plato golpeó a una espectadora en el rostro, rompiéndole la nariz. El juego continuó mientras el personal médico la sacaba en una camilla… y Ashburn falló otra bola que *volvió* a pegarle a la pobre mujer.

¿Quién podría culpar a esa dama si hubiera decidido nunca volver a otro juego?

Aunque las faltas en el béisbol pueden prolongar un turno difícil al bate, no sé de *ningún* jugador que haya preferido fallar una bola a conectar un batazo. Dos bolas falladas significan dos *strikes*, y si un jugador contrario agarra una bola fallada antes que toque tierra, el bateador queda fuera. Aunque cometer muchas bolas falladas puede dar a un bateador más oportunidades de conectar un batazo, y quizás agotar al lanzador, a la larga son un desperdicio de energía.

En la vida, las bolas falladas tienen muchas menos características positivas. Todos las fallamos de vez en cuando, pero no nos ayudan a avanzar. *Nos* agotan mientras le dan al enemigo de nuestras almas una mejor oportunidad de etiquetarnos. Mientras reflexionaba en estas líneas en un estudio bíblico una mañana, exclamé: "Todos en la vida tenemos bolas falladas". Un hombre en la audiencia giró de inmediato, resultó ser Otis Nixon, antiguamente con los Bravos de Atlanta, y manifestó: "He tenido muchas bolas falladas. Es mejor que ser ponchado".

Es cierto… en el béisbol. Sin embargo, en la vida oro para que Dios nos ayude a vivir de manera más productiva que eso. En lugar de golpear fuera de los límites, aprendamos a mantener la bola en juego. Creemos el hábito de hacer mover a nuestros hermanos cristianos alrededor de las bases. Recuerda, estamos en esto para ganar y las bolas falladas simplemente no nos alinean con la Palabra de Dios. Al contrario, nos sacan de la trayectoria y muy a menudo nos sacan por completo del juego.

Una mente renovada

Cuando llegué a la fe en Jesús, Dios me salvó y me otorgó una nueva naturaleza. En el momento que creí, Dios transformó mi yo interior. Ahora quiero que la transformación que ya se llevó a cabo dentro de mí sea evidente por fuera. Quiero que el mundo que observa pueda ver los cambios positivos que el Señor ha producido en mí. Quiero que mi vida se alinee progresivamente con la riqueza del conocimiento que estoy obteniendo de la Palabra de Dios.

Esta transformación externa se hace posible por un cambio interior *en mi mente*. No siempre pienso de modo correcto. Necesito que Dios se lleve continuamente mis pensamientos fallidos, cambie la trayectoria que llevan y me dé un batazo directo en territorio justo. El Espíritu da a los cristianos el poder y deseo de transformar sus mentes. Una fórmula sencilla describe lo que ocurre:

Corazones transformados + mentes renovadas = vidas alineadas

Si bien la Biblia establece un proceso claro para renovar nuestras mentes (el cual veremos en breve), también nos advierte que enfrentamos una batalla. A partir de Adán, la mente natural y carnal está en guerra con Dios. Se niega a someterse a Él y no tiene interés en obedecer sus instrucciones; es más, *no puede* obedecer, pues le falta todo el poder para hacerlo. Ninguno de nosotros con una mente "ocupada en la carne" puede agradar a Dios (véase Romanos 8:5-8). *Ese* es nuestro problema.

¿Y cuál es la solución?

Pablo escribe: "No se amolden al mundo actual, sino sean transformados mediante la renovación de su mente. Así podrán comprobar cuál es la voluntad de Dios, buena, agradable y perfecta" (Romanos 12:2, NVI). Sin mentes renovadas, viviremos todo el tiempo en la tierra sin agradar a Aquel que nos creó y nos redimió para sus propósitos.

La pregunta central es: ¿Quieres agradar a Dios? ¿Quieres conocer y cumplir su voluntad buena, agradable y perfecta? Si lo queremos, entonces debemos aprender a cooperar con el Espíritu de Dios en el proceso de renovar nuestra mente. Una mente renovada es espiritualmente sensible, y la Biblia afirma: "Los que ocupan su mente en las cosas del Espíritu tienen vida y paz" (Romanos 8:6, NBV).

¿Quién no quiere *eso*?

El cómo de la renovación

El recurso principal que Dios usa en esta batalla es su Palabra. David le dijo al Señor: "En mi corazón he guardado tus dichos, para no pecar contra ti" (Salmo 119:11). Cuando ponemos la Palabra de Dios en nuestros corazones, el Señor la usa para lograr cambios notables en nuestro comportamiento.

Si quieres transformar tu mente debes aprender a pensar bíblicamente. En la práctica, eso significa que debes aprender a pensar como Cristo Jesús. Sin embargo, ¿cómo puedes tener los pensamientos de Jesús sin conocer sus palabras? En los Evangelios vemos a Jesús obrando y lo oímos hablar. Si queremos ser como Él debemos conocer íntimamente su historia según la narran las Escrituras.

Cuando escuchamos las palabras de Jesucristo, meditamos en sus interacciones con otros, leemos acerca de sus milagros y vemos su poder sobre el pecado y el diablo, en realidad contemplamos su vida. "Mirando a cara descubierta", "somos transformados de gloria en gloria en la misma imagen, como por el Espíritu del Señor" (2 Corintios 3:18). Mientras más miremos la gloria de Jesús, más reflejaremos esa gloria.

En griego, la palabra traducida "mirando a cara descubierta" está en tiempo medio presente, y significa que Dios no te *hace* mirar la gloria de Jesús. No cambias porque el Señor te obligue a cambiar. Cambias porque deseas continuamente mirar su gloria, y esa escena gloriosa te transforma. Para crecer en Cristo, para seguir el proceso de transformación espiritual, debes mantenerte mirando a Jesús hasta el momento de tu regreso a casa. Nuestros cuerpos pueden decaer y nuestras fuerzas físicas pueden disminuir, pero la gloria de Jesucristo puede seguir brillando a través de nuestras vidas.

Anhelo estar más adelante esta noche de lo que estuve esta mañana, y mañana quiero estar más adelante que hoy. Todavía estoy cambiando, paso a paso. No seré transformado a la imagen de Cristo tomando resoluciones de Año Nuevo, esforzándome más o prometiendo comportarme mejor la próxima vez. Puedo cambiar, de un grado de gloria a otro, solo mirando continuamente la gloria de Cristo Jesús.

¿Quieres participar en esto? Puedes hacerlo… pero tienes que tomar la decisión. El Espíritu de Dios nos cambia a medida que voluntariamente nos rendimos y respondemos a Él en obediencia. El Espíritu no nos obliga a obedecer; nos da poder para hacerlo. ¡Hay una gran diferencia! John Piper comentó así respecto a Romanos 12:2: "¿Qué hacemos entonces en obediencia a esta verdad? Nos unimos al Espíritu Santo en su preciosa y muy importante obra. Vamos tras la verdad que exalta a Cristo".[6] *Buscamos* la verdad. Es una búsqueda personal con todas nuestras fuerzas.

¿Buscas la verdad que exalta a Cristo? ¿Te esfuerzas por llegar a conocer la Biblia, la Palabra de Dios? ¿Oras pidiendo que la verdad que aprendes en las Escrituras te permita aceptar humildemente los cambios que Dios quiere lograr en ti?

A medida que el Espíritu Santo transforma tu mente por medio de la Palabra de Dios, también transforma tu vida. Con el tiempo llegas a ser "perfecto en Cristo Jesús" (Colosenses 1:28). Ah, todavía tendrás espacio para crecer. En esta vida, tú y yo nunca alcanzaremos el punto en que no tengamos espacio para más desarrollo espiritual.

---

6. John Piper, "The Renewed Mind and How to Have It", https://www .desiringgod.org/messages/the-renewed-mind-and-how-to-have-it.

La renovación de la mente y la conformación a la semejanza de Cristo se realizan gradualmente. No es como si te levantaras una mañana, pasaras una hora con el Señor y dijeras: "Bueno, ¡ya está! Llegué a la *meta*. Alabado sea el Señor, ¡lo logré!". No. Se trata de un proceso extendido (la Biblia lo llama "santificación") en el cual la mente se ajusta gradualmente a pensar más como Cristo.

Un proceso doble

Ten en cuenta dos verdades iguales pero diferentes sobre cómo funciona el proceso de santificación que se desarrolla en tu vida.

1. El instante en que pusiste tu fe en Jesús, Dios trató por completo con el castigo por tu pecado. Jesús padeció muerte y separación de Dios *por ti*. Ese problema se solucionó totalmente de una vez y para siempre. Nada más puede suceder allí o sucederá allí. Estás "en Cristo", y eso significa que Dios te ve como si fueras tan justo como Jesús mismo. Algunos maestros bíblicos llaman a esto la *verdad posicional*.

2. En tu experiencia en la tierra, Dios no te cambió de una vez por todas. Cuando llegaste a la fe *no* te convertiste inmediatamente en la persona que serás en la eternidad. Por eso es que el Señor te llama a vivir cada vez más la vida eterna que ya te ha dado. Algunos eruditos bíblicos llaman a esto *verdad experiencial*.

Esta doble realidad acerca de la santificación explica por qué Pablo les dijo a sus amigos filipenses: "Ocupaos en vuestra salvación con temor y temblor, porque Dios es el que en vosotros produce así el querer como el hacer, por su buena voluntad" (Filipenses 2:12-13). Dios quiere que actúes por *fuera* de ti lo que Él ya obró *dentro* de ti. Por supuesto, el Señor no te deja solo para que hagas esto. Obra en ti para que puedas cumplir su voluntad. De este modo le das gran satisfacción por medio de tu entusiasta obediencia.

A través de la santificación, Dios redirige compasivamente tu adoración y afecto lejos de lo mundano y hacia la imagen de Jesús.

Una vez leí un artículo de G. K. Beale titulado "Nos convertimos en aquello que adoramos". ¿Has estado alguna vez con alguien que habla todo el tiempo de un asunto específico? Nunca deja de hablar de eso. El tema está siempre en su mente. Cuando te encuentras cerca de alguien en esa condición, puedes tener la seguridad de que esa persona adora aquello. Esto consume su atención, su tiempo y su devoción. Finalmente, empieza a ser igual a lo que adora. A medida que te vuelves cada vez más como Cristo, a medida que te conformas más a su imagen, te santificas. De esa manera, tu vida será cada vez menos acerca de ti y cada vez más acerca de Él.

A veces escucho a personas que dicen cosas como: "Sencillamente no puedo aguantar al hermano Carlos. Me saca de quicio". ¿No te parece eso como una bola fallida? Así me parece, y he lanzado más que mi cuota. Involucrarte en ese tipo de mal comportamiento te pone la mente en la trayectoria equivocada y, si te quedas allí, permanecerás en territorio sucio. De vez en cuando Dios nos hablará a ti y a mí, y susurrará a nuestros corazones: "Hijo, debes entrar a territorio justo". En esos momentos, en humildad que honre a Cristo, debemos aprender a declarar: "Tienes razón, Señor, y yo estoy equivocado. Perdóname y ayúdame a hacer lo que te agrada". Dios puede obrar en nuestros corazones a medida que adoptemos decisiones piadosas, pero no nos obliga a aceptar ninguna de ellas (aunque puede hacer que las cosas resulten muy incómodas para nosotros hasta que obedezcamos).

Cuando tu vida se alinea con la Palabra de Dios, te encuentras en territorio justo y tus acciones traen gloria a tu Señor. Cuando dejas de golpear bolas fallidas, encuentras tu llamado en la vida… y ahí es donde empieza la verdadera diversión.

Los materiales de construcción para una mente cristiana

Los corazones transformados y las mentes renovadas llevan en última instancia a una vida alineada. Este proceso de renovación empieza internamente, pero se manifiesta externamente. Si Cristo está obrando dentro de nosotros para cambiarnos realmente, su obra interior nos cambiará por fuera. ¡No podemos guardar ese cambio dentro de nosotros!

Es absurdo hablar de ser cristiano si el Espíritu de Dios no ha invadido tu vida y ha comenzado a cambiarla. Sería como decir que eres un jugador activo de las Grandes Ligas de Béisbol, aunque seas ciego y paralítico, o que vuelas de Atlanta a Boston sin que tus pies se despeguen del suelo. La idea es ridícula e imposible.

A fin de cambiar tu comportamiento por fuera (para que coincida con el de Jesús), debes cambiar por dentro tu manera de pensar (para que coincida con la de Jesús). Tienes que construir una mente bíblica. ¿Cómo construye Dios una mente bíblica en nosotros? Usa el plano de la Biblia junto con los materiales correctos de construcción. En Filipenses 4:8, Dios enumera los materiales para que construyamos una mente bíblica:

> Por lo demás, hermanos, todo lo que es verdadero, todo lo honesto, todo lo justo, todo lo puro, todo lo amable, todo lo que es de buen nombre; si hay virtud alguna, si algo digno de alabanza, en esto pensad.

Al reflexionar en esta lista, Warren Wiersbe expresó con el dicho: "No eres lo que piensas que eres, sino que lo que piensas, eso eres". Las Escrituras no dejan duda de que nuestras vidas son producto de nuestros pensamientos. Es como una computadora: si entra basura, sale basura. Si pones lo incorrecto en la mente de alguien, saldrá lo erróneo que pusiste. Jesús dijo: "Lo que del hombre sale, eso contamina al hombre. Porque de dentro, del corazón de los hombres, salen los malos pensamientos, los adulterios, las fornicaciones, los homicidios, los hurtos, las avaricias, las maldades, el engaño, la lascivia, la envidia, la maledicencia, la soberbia, la insensatez" (Marcos 7:20-22). Observa que "los malos pensamientos" aparecen primero en la lista de Jesús. Una mente atribulada resulta ser depositaria conveniente para semillas de duda, desesperación y maldad.

Adrian Rogers lo expresó así: "El diablo prefiere que pienses mal a que hagas lo malo, porque si haces lo malo, pero sigues pensando lo correcto, te corregirás. Pero si haces lo malo porque piensas mal, seguirás haciendo lo malo porque crees tener la razón".[7] Ya que el diablo gana si puede apoderarse de tu mente, echemos un vistazo más de cerca a los materiales de construcción para edificar una mente bíblica.

Lo verdadero

Cuando la Biblia habla de la verdad, se refiere no solo a la comprensión precisa de la realidad por parte del cristiano, sino a cada fase de su comportamiento. Yo no solamente debería *pensar* en la verdad, sino conducir mi vida en tal manera que refleje la verdad.

El "cinturón de la verdad" mantiene todo unido en la descripción que Pablo hace de la armadura del cristiano en Efesios 6 (NVI). El cinturón antiguo no solo rodeaba la cintura, sino que se extendía hasta el abdomen de la persona. La imagen habla de integridad y verdad que mantienen todo unido.

Puedes tener todo a tu favor en el mundo (puedes ser intelectual, ser acaudalado, tener gran influencia), pero si crees una mentira, al final no tendrás nada. Cuando una persona cree falsedades, al poco tiempo su vida exterior refleja las mentiras internas que ha aceptado.

Lo honesto

La palabra traducido "honesto" tiene que ver con ser honorable o con aquello que reclama respeto. El término griego conlleva la idea de algo serio en lugar de frívolo. Los creyentes no deberían

---

7. Recuerdo esta declaración de uno de los mensajes de radio de Adrian Rogers.

detenerse en lo que es trivial, temporal, mundano, común y tan solo terrenal. Más bien deben entrenar sus mentes para pensar en lo que es celestial, digno de adoración y alabanza.

Los pensamientos honorables o sensatos producen personas sensatas. Cuando piensas con insensatez acerca de alguien, a menudo te encuentras esparciendo mentiras y rumores feos sobre esa persona. Alguien podría decir: "¡Pero no sabes lo que fulano de tal me hizo!". ¿Puedo recordarte lo que le hiciste a Jesús? Sin embargo, Él te perdonó. Le agradezco a Dios que no me diera lo que yo merecía.

Hace años un amigo me dijo: "Afirmamos que debemos amar al pecador y odiar su pecado, pero hay algo erróneo en eso. El énfasis está en alguien más y no en una reflexión sobre nosotros mismos. ¿Por qué más bien no decimos: 'Debemos amar al pecador y odiar nuestro pecado'?". Si he de pensar bíblicamente, no se trata de lo que digo respecto a otros, sino de lo que Dios me ha ayudado a ver sobre mí mismo. *Entonces* puedo comenzar a pensar como Jesús.

Lo justo

La palabra *justo* tiene que ver con entereza, o con hacer lo correcto. Habla de alguien que enfrenta su deber y lo lleva a cabo. Habla de relación correcta y acción adecuada, de tratos justos y equitativos con los demás.

¿Qué cosas nos hacen estar bien con Dios y con los demás? Debemos considerar tales aspectos. ¿Qué está en armonía perfecta con la norma eterna e inmutable de Dios como se revela en las Escrituras? Los creyentes fieles hablan de cosas coherentes con la Palabra de Dios.

Ser "justo" es lo contrario de hacer lo que es conveniente. Mi versículo bíblico favorito es Proverbios 20:7: "Camina en su integridad el justo; sus hijos son dichosos después de él". ¿Estoy viviendo en relación con Cristo y con los demás en tal manera que mi comportamiento pueda ganar la aprobación de Dios? Una persona justa quiere hacer lo correcto. ¿Estás ahí? De no ser así, ¿quieres estar dispuesto a llegar allí? ¿Es esa una pasión en tu vida?

Lo puro

El término griego original se refiere a todo tipo de pureza: pensamientos puros, palabras puras, acciones puras. A menudo se ha definido a la pureza como algo "santo, moralmente limpio". Lightfoot afirma que la palabra sugiere la idea de "ser intachable".[8]

¿Sabías que algunos pensamientos dejan una mancha difícil de borrar? Por lo menos, el 35 por ciento de todas las descargas en computadoras estadounidenses son de pornografía. Cuarenta millones de estadounidenses visitan con regularidad sitios pornográficos. Cada segundo, casi treinta mil usuarios observan pornografía por Internet. Los estadounidenses gastan más de treinta mil millones de dólares anualmente en pornografía, más de lo que recibe toda la iglesia cristiana en los Estados Unidos. Los estadounidenses gastan más en pornografía cada año que en las Grandes Ligas de Béisbol, la NFL y la NBA combinadas. En ese tipo de ambiente impuro, ¿cómo puede un cristiano mantener puros sus pensamientos?

Los antiguos filipenses vivían en un ambiente impuro donde "todo vale", diría un lema apropiado. ¿Cómo lo combatían? Debían llenar sus mentes con pensamientos puros. Pedro les dijo a sus amigos cristianos: "Preparen su mente para la acción" (1 Pedro 1:13, RVC). El apóstol imaginaba la vida de pensamiento como una túnica o un vestido suelto. Estamos corriendo una carrera, ante lo cual Pedro declaró: "Levanta tu vestido y átalo con una cuerda para que no te impida avanzar".

La pureza moral ha sido un problema desde tiempos antiguos. La gente de entonces y de ahora estaba y está bajo el ataque constante de mil tentaciones a fin de violar la pureza sexual. ¿Cómo

---

8. J. B. Lightfoot, *Philippians* (Wheaton, IL: Crossway, 1994), 155.

lo combates? Juan dice que una manera es pensar en el regreso de Jesús: "Todo aquel que tiene esta esperanza en él, se purifica a sí mismo, así como él es puro" (1 Juan 3:3). Debido a que Jesucristo es puro, los cristianos deben purificarse. Una manera en que lo hace es recordándose que Jesús regresará en cualquier momento.

Lo amable

El término griego traducido "amable" se usa solo aquí en el Nuevo Testamento. Podría traducirse literalmente "ser amigable hacia". Significa simpático, satisfactorio, muy apreciado y digno del esfuerzo de tener y acoger.

Algo amable habla de lo que está lleno de amor. Por tanto, oro: "Señor, ayúdame a construir una mente que sea tierna, compasiva, generosa, paciente y amable".

Lo de buen nombre

El término significa "loable, tener buen testimonio o buena reputación, se dice de alguien que tiene espíritu bondadoso". Cuando salga de este mundo quiero que se diga: "El pastor Johnny era un hombre de Dios honorable y respetado". Intento edificar mi vida haciendo lo correcto, no lo más popular, lo más aceptable, sino lo recto. Quiero ganarme una buena reputación y lo haré mientras siga edificando una mente como la de Cristo.

Lo digno de alabanza

¿Se encuentra tu mente vagando de vez en cuando hacia lugares que no son virtuosos ni dignos de alabanza? Podría tratarse de una relación destruida o de una actividad que, si fuera ampliamente conocida, te causaría mucha molestia o incluso vergüenza. No permitas que tu mente vaya allí.

Por el contrario, llena tu conciencia con imágenes y pensamientos que, si se proyectaran en una pantalla frente a tus seres amados, los incitaría a expresar gratitud y elogio. ¿Por qué perder la victoria enfocando tu atención en pensamientos corruptos o vergonzosos? Comprométete a seguir el ejemplo de Jesús y a buscar la alabanza de tu Padre celestial, especialmente en tu vida de pensamiento.

Dos topes clave

Los dos topes del pensamiento apropiado son *aprender la verdad* e *implementar la verdad*. No es suficiente conocer la verdad o tener curiosidad acerca de los materiales de construcción de Dios para una mente bíblica. Debes implementar esos materiales meditando en la verdad que aprendes. Reflexiona en la verdad. Recíbela. Dale vueltas una y otra vez en tu cerebro.

Si quieres edificar una mente bíblica, esto no es una opción para ti. Es un mandato divino. Meditar en estas cosas significa evaluarlas cuidadosamente, considerarlas profundamente, cavilar en ellas con miras a ponerlas en práctica.

Los cristianos debemos aprender a dejar de pensar en cosas triviales, temporales, mundanas, comunes y terrenales, y en cambio debemos acostumbrarnos a sazonar nuestros pensamientos con la verdad centrada en el cielo. Debemos entrenarnos a pensar en cosas dignas de adoración y alabanza, que promuevan carácter piadoso. Si esto empieza a ocurrir en tu vida, actuarás en forma distinta a la mayoría de personas. Tu comportamiento te hará sobresalir en medio de una multitud. En consecuencia, desarrollarás gran autoestima y confianza en ti mismo.

Cuando Pablo escribe: "En esto pensad", vuelve a usar un imperativo presente medio, lo cual significa una vez más que tienes que tomar una decisión. Debes *decidir* pensar en esto. Si decides no hacerlo, tu mente irá a lugares que no debería ir. Somos responsables por nuestros pensamientos y *podemos* mantenerlos en un nivel dominante y encumbrado.

Imagina una cerradura y una llave. La llave que abre la capacidad de un individuo para pensar bíblicamente es la verdad. Jesús es la verdad. La Biblia es la verdad. Dios te ha dado verdad. La cerradura de la obediencia solo se abre con la llave de la verdad. Muchas veces nos vemos sin acceso a los recursos divinos destinados a darnos la victoria simplemente porque nos negamos a obedecer. Aunque es más fácil conservar la verdad que implementarla, Dios quiere que soltemos esa verdad para que nos lleve hacia la libertad. Una vez que tomamos la llave (llamada *verdad*) y la ponemos en la cerradura (llamada *obediencia*) se nos abren los recursos de Dios.

Nuevamente, debes escoger. Escogerás edificar una mente bíblica, o dirás: "Sé cómo se supone que debo actuar, pero estoy disgustado". El escritor Kent Hughes escribió: "Tengo gran simpatía por aquellos cuyo pasado ha sido una serie de malas decisiones. Entiendo que es muy difícil cambiar si a lo largo de los años he preferido lo impuro y lo negativo; pero, como pensador bíblico, no me doy tregua ni se la doy a cualquiera que racionalice sus decisiones actuales por el pasado".[9]

Nunca te digas a ti mismo: "No tengo esperanza. He pensado de este modo durante tanto tiempo que no veo ninguna posibilidad de cambiar". Eso simplemente no es verdad. El Espíritu de Dios puede detener ahora mismo el sangrado en tu vida.

Él cambia nuestros deseos

Hace varios años prediqué en la iglesia de un amigo en otro estado y alguien querido para mí a quien no había visto en mucho tiempo vino inesperadamente al culto. Al final de la noche pregunté: "¿Hay alguien en este salón que quisiera arrepentirse de sus pecados, pedirle a Dios que lo perdone y poner su fe en Jesucristo?".

Vi levantarse un largo brazo, adherido a un cuerpo con un rostro muy conocido.

---

9. Kent Hughes, *Disciplines of a Godly Man* (Wheaton, IL: Crossway, 2001), 73.

Difícilmente puedes imaginar lo que significó para mí ver allí a mi primo hermano después de todos esos años. Le había testificado muchas veces, pero él nunca había respondido. Me dirigí a la audiencia: "Pueden bajar las manos". Mi primo bajó la mano. "¿Alguien más?", continué.

Su mano se alzó otra vez. James Ray quería asegurarse de que lo habían visto.

Esa noche mi primo entregó su vida a Cristo después de toda una vida de abusar del alcohol. Él y yo habíamos sido inseparables desde los cinco hasta los quince años de edad, siendo los mejores camaradas todo el tiempo. Se había casado joven y yo seguí su ejemplo. Después de eso, básicamente seguimos caminos separados y habían pasado décadas. James Ray puso su fe en Jesús justo después de su sexagésimo primer cumpleaños.

Un par de años más tarde planifiqué volver a visitar su ciudad. Para entonces, James Ray había desarrollado cirrosis de hígado y sus riñones habían empezado a fallar. Pesaba cerca de 90 libras (40 kilos). Lo llamé para decirle que iba a visitar su región.

—Oh, ven a verme, por favor —pidió.

—No pensaría en ir sin verte —contesté.

Cuando llegué a su casa móvil lo encontré cubierto de mantas, el horno encendido con su puerta abierta para que le ayudara a mantenerse caliente.

—James Ray —comenté—, dime qué está pasando.

—Mis riñones están fallando y no hay nada que puedan hacer, así que me iré en cualquier momento.

—James Ray, ¿estás listo para reunirte con Jesús?

—Lo estoy, pero quiero que me respondas algunas preguntas. ¿Puedes tomar tu Biblia y decirme qué va a pasar cuando yo exhale mi último aliento?

Nadie me había hecho alguna vez las preguntas que mi primo me hizo, pero hice lo posible por responderlas todas.

—James Ray —dije al final—, cuando llegues al cielo, saluda a mi madre.

Cuando recuerdo esta desgarradora escena, mi mente se remonta a un amigo que se convirtió mientras aún estaba activo con la banda Ángeles del Infierno. Fui a escuchar su testimonio, como hicieron muchos otros Ángeles del Infierno, una multitud de aspecto rudo. "Si me equivoco y la Biblia no fuera cierta —nos dijo—, aun así, he tenido una vida mejor desde que comprometí mi vida con Jesús. Si muero y todo termina, aún estoy contento de haber tomado mi decisión. Pero si tengo razón y la Biblia es cierta, Romanos 8:16 afirma que, una vez que te vuelves cristiano, el Espíritu de Dios le testifica a tu espíritu. Él viene a vivir en nosotros, y cambia nuestros deseos".

En realidad, Dios cambió los deseos tanto de mi primo como de mi amigo. Aunque James Ray tuvo una conversión tan auténtica como la de mi amigo Ángel del Infierno, los "deseos" de mi primo no cambiaron hasta casi el mismo final. Un hombre puede ser abrumadoramente perdonado en su camino al cielo, pero eso no significa que Dios elimine las consecuencias del modo en que ese individuo eligió vivir durante décadas.

Amigo mío, puedes superar tu pasado y el modo en que has pensado durante años. Somos libres para tener una mente cristiana. ¡Esta se encuentra a nuestro alcance! Y es nuestro deber conseguirla.

¿Elegirás tener esa mente? ¿Elegirás mantener la bola en juego?

9

EL MAYOR PODER DEL MUNDO

Mi esposa me llevó una vez a un evento NASCAR y un servicio religioso celebrado antes de la carrera. Me emocioné cuando descubrí que el orador sería James Dobson, fundador de Focus on the Family (Enfoque a la Familia). Aún estaba recuperándose de un ataque cardíaco que creyó que se lo llevaría al cielo.

Durante su estadía en el hospital, el doctor Dobson dijo que había tenido mucho tiempo para reflexionar en lo que es más importante para una persona. Cuando crees que tu tiempo en la tierra se acorta, surgen tres interrogantes clave:

1. ¿A quién amo?
2. ¿Quién me ama realmente?
3. ¿Pasaré la eternidad con los que amo?

Cuando pensaba en esas tres preguntas, el doctor Dobson se dio cuenta de que ni siquiera sabía si su hijo Ryan conocía al Señor. Después de salir del hospital, el doctor Dobson sintió una pasión consumidora por su díscolo hijo. El amor de Dios y su propio corazón quebrantado hicieron que se asegurara de que Ryan pasaría la eternidad con él. Cuando el padre fue tras el hijo en el amor de Dios, el Señor hizo una obra maravillosa en la vida de Ryan Dobson, y hoy día Ryan es un ministro del evangelio de Jesucristo.

Esta historia me recuerda que amar es un verbo de acción. *Actúa* a favor de los seres amados; y, si eres cristiano, Dios te llama a permitir que el amor de Dios sea la fuerza impulsora de tu vida.

¿Qué es el amor de Dios?

La palabra griega del Nuevo Testamento que la mayoría de personas conoce es *ágape*, término que se refiere al amor abnegado como el de Dios. La palabra sugiere absorber cada parte del ser en una gran pasión.

¿Has oído alguna vez decir a alguien: "Sencillamente quiero amar a Dios con todo mi ser"? Bueno, Dios nos ama con todo su ser. Todo su ser desborda amor *ágape*, y Él sigue amándonos incluso cuando nos disciplina.

El término tiene poco que ver con simple emoción; indica amor deliberado, ejercido por un acto de la voluntad. Elige su objeto y, contra viento y marea e independientemente de lo atractivo del objeto, continúa amando de manera continua y eterna. El amor *ágape* de Dios no piensa en sí mismo sino en el objeto que ama.

El amor *ágape* de Dios no depende de nada fuera de sí mismo. La dignidad o indignidad del ser amado no lo afecta. Dios ha decidido derramar en nosotros su amor incondicional, sacrificial y sumiso.

El amor de Dios es invencible, considerado, caritativo y benevolente. Exige expresión. Busca un objeto a quien servir, por el que luego se sacrifica. El amor de Dios se dedica a hacer el bien. No espera que le pidan solidaridad para unirse a una oportunidad de hacer lo bueno, sino que busca oportunidades para expresarse.

Jesús reflejó el amor *ágape* de Dios cuando dijo: "Más bienaventurado es dar que recibir" (Hechos 20:35). Y de este modo el amor de Dios se extiende hacia aquellos que no lo merecen: "Dios muestra su amor para con nosotros, en que siendo aún pecadores, Cristo murió por nosotros" (Romanos 5:8). Este amor divino perdona a personas indignas. Sabe cómo empezar de nuevo y se sacrifica reiteradamente por otros. Es un amor que se interesa realmente por los demás.

El amor de Dios perdura cuando todo lo demás falla. Es completamente indestructible. Mientras otras cosas pasan, su amor perdura. Es permanente. No desaparece. No se seca, no se agota, no se derrumba ni se disipa. Me gusta lo que dice Cantar de los Cantares:

> Las muchas aguas no podrán apagar el amor,
> Ni lo ahogarán los ríos.
> Si diese el hombre todos los bienes de su casa por este amor,
> De cierto lo menospreciarían (Cantares 8:7).

Nada se asemeja al amor de Dios. El apóstol Pablo escribió: "Ahora permanecen la fe, la esperanza y el amor, estos tres; pero el mayor de ellos es el amor" (1 Corintios 13:13).

Debemos expresar el amor de Dios

No debería sorprendernos que el amor sea la característica suprema que Dios exige ver expresada en su pueblo. Cuando le preguntaron cuál es el mandamiento más grande, Jesús contestó: "Amarás al Señor tu Dios con todo tu corazón, y con toda tu alma, y con toda tu mente. Este es el primero y grande mandamiento. Y el segundo es semejante: Amarás a tu prójimo como a ti mismo" (Mateo 22:37-39). No importa cuánto sepamos tú y yo. Lo que las personas quieren saber es que realmente nos importan.

El único amor aceptable que Dios recibe de nosotros es el que ha vertido en nosotros. Él lo vierte para que podamos esparcirlo.

¿A quién debemos amar? Debemos amar tanto a quienes nos aman como a quienes no nos aman. Debemos amar a nuestros enemigos, aunque nos odien.

Tal vez digas: "Simplemente no puedo hacer eso". Concuerdo contigo; no puedes hacerlo. Pero cuando permites que Dios derrame su amor en ti, te sorprenderá la capacidad que puedes obtener para amar a los demás. Afirmo que te sorprenderá, no que te enorgullecerá, porque 1 Corintios 13:4 insiste en que el amor no es orgulloso. No hay espacio para el orgullo en el amor de Dios.

Quienes expresan el amor de Dios a través de sus vidas no se pavonean. El orgullo bloquea los efectos del amor *ágape*. El orgullo *siempre* precede a la vida sin amor. No puede expresar auténtico amor porque este requiere un enfoque fuera de sí mismo y centrado en los demás.

El orgullo negocia para su propio beneficio. Su sentido de superioridad penetra en el alma del individuo como el bisturí del cirujano. El orgullo produce tanto amargura como resentimiento, porque piensa que al dar rienda suelta a estas emociones negativas retribuye de alguna manera al ofensor. El orgulloso cree realmente que cuando se toma el veneno de la falta de perdón, quien morirá es la persona que odia.

El amor escucha; el orgullo habla. El amor perdona; el orgullo se resiente. El amor da; el orgullo toma. El amor pide disculpas; el orgullo culpa. El amor comprende; el orgullo supone. El amor acepta; el orgullo rechaza. El amor confía; el orgullo duda. El amor pregunta; el orgullo dice. El amor guía; el orgullo conduce. El amor libera; el orgullo ata. El amor edifica; el orgullo derriba. El amor anima; el orgullo desanima. El amor es pacífico; el orgullo es temeroso. El amor clarifica con la verdad; el orgullo confunde con mentiras.

El amor y el orgullo son mutuamente exclusivos. El amor muere cuando el orgullo cobra vida.

¿Qué puedes hacer si batallas con el orgullo? El único antídoto para el orgullo es la humildad. La humildad es un verdadero semillero de amor.

La humildad invita al amor a residir permanentemente en el

corazón de la persona. La humildad comprende que el amor está reservado para todo el mundo. El amor perdona incluso al peor de los pecadores, mientras que la humildad sabe que necesita ayuda para recibir amor *ágape*. Un corazón humilde anhela el amor del Señor Jesucristo.

El amor libera el poder del Espíritu de Dios en nosotros porque el amor de Dios se ha derramado en nuestros corazones mediante el Espíritu Santo (véase Romanos 5:5), por lo que edifica y se fortalece. El amor levanta tu hogar, tu matrimonio, tu vida. El amor de Dios se goza en promover a otros.

Esta clase de amor *ágape* no se origina en nuestra naturaleza, sino que viene del mismo corazón de Dios. Es sobrenatural en origen. No tienes amor *ágape* a menos que te enamores de Dios y el Señor infunda su amor dentro de tu corazón.

Una vez asistí a una Convención Bautista del Sur donde la canción mejor interpretada fue entonada por la peor voz que yo había oído en mi vida. El hombre se había convertido recientemente y había llegado a la convención con un coro y una orquesta de su iglesia. Había dejado una vida horrible de pecado, pero Dios lo había cambiado radicalmente y el hombre quería cantar al respecto. Desafinaba mucho, pero cuando terminó, no vi un solo ojo seco en el lugar. Yo también tuve que enjugarme las lágrimas.

¿Es fácil amar a los demás con el amor *ágape* de Dios? Francamente, no. Es más fácil ser ortodoxo que amoroso. He conocido algunos individuos con dominio absoluto sobre la verdad doctrinal, pero que eran tan malos como las serpientes de cascabel. Es más fácil ser activo en la iglesia que ser amoroso. Si no me crees, déjame hacerte algunas preguntas.

¿Te ha resultado difícil alguna vez amar a alguien porque creías que no lo merecía?

¿Cuándo fue la última vez que te arrodillaste y oraste por tus enemigos?

¿Has orado alguna vez por quienes te han perseguido o han dicho cosas desagradables de ti?

Recuerda: "El amor no tiene envidia" (1 Corintios 13:4). No hay maldad de alma en el amor *ágape*, mientras que la envidia posee una crueldad que no tiene ningún otro pecado.

El amor "no hace nada indebido" (v. 5). Tiene buenos modales. No es tajante, grosero o brutal. El amor se preocupa por los sentimientos de la otra persona y los tiene en cuenta antes de hablar o actuar.

Un domingo, en medio de un sermón, aprendí una lección inolvidable sobre el descuido de los sentimientos del prójimo. Conté una historia sobre una discusión entre Janet y yo, y cuando terminé, mi esposa encontró un micrófono, lo agarró, subió a la plataforma y le dijo a la congregación: "Todos ustedes acaban de escuchar al pastor Johnny contar una historia sobre nosotros. ¿A cuántos de ustedes les gustaría oír mi versión?". El público vitoreó tan fuerte que me avergoncé. Había olvidado que el amor *nunca* hace caso omiso de los sentimientos de la otra persona. ¡Espero no olvidar la lección! (Incluso desde ese día, cada vez que menciono el nombre de Janet en un sermón, temo que haya un micrófono cerca).

El amor "no guarda rencor" (v. 5). El término original usado aquí era una palabra contable para "llevar registro". El amor no almacena en la memoria lo malo y luego recupera ese recuerdo siempre que lo necesita. Ni siquiera lleva registro.

¿Has escuchado alguna vez malas noticias acerca de alguien y te has regocijado por oírlo? Tal vez incluso dijiste: "Nadie se lo ha merecido tanto". Cuando oyes que alguien desagradable tuvo una crisis económica, que su matrimonio se acabó o que terminó en problemas legales, ¿no te sientes bien al respecto? Lee Proverbios 24:17: "Cuando cayere tu enemigo, no te regocijes, y cuando tropezare, no se alegre tu corazón". No te goces cuando oigas malos informes de personas problemáticas. Si el amor de Dios se ha establecido en ti, entonces quieres lo mejor para todo el mundo.

El amor oculta lo feo de la vista pública; no lo saca a la luz. ¿No te alegras por los matrimonios fabulosos que pueden mantener algunas cosas solo entre los cónyuges y el Señor?

"El amor es sufrido" (v. 4). Eso significa que resistes muchas cosas, no que tienes mal genio. Significa que Dios está edificando paciencia en ti. Muchas pequeñeces solían molestarme de Janet, y en días pasados se las hacía saber. Siempre he creído que ella lleva demasiado equipaje cada vez que hacemos un viaje. Vamos a estar fuera una noche y me parece que lleva cosas suficientes para una semana. Solía molestarla al respecto, hasta que el amor me enseñó que así es ella. Hemos estado casados casi cincuenta años y, si mi insistente estrategia hubiera tenido una oportunidad de funcionar, ya lo habría hecho. Pero no es así. Por lo que ahora ya no insisto.

"Trae mi equipaje", dice ella.

"Sí, cariño", contesto. Y pienso: *Recógelo. Llévalo. No critiques.*

Si estás casado, habla hoy con tu esposa y dile: "No voy a decir nada más respecto a _____". Insistir en eso no funciona, pero el amor sí funciona. Puede que el amor no "cure" el hábito que te molesta, pero seguramente te curará de que te moleste.

El amor ve el lado positivo. Cree lo mejor en las personas, tal como Jesús cuando vio a Simón Pedro, el inconstante. ¿Recuerdas cómo lo llamó Jesús? *Petros*, "piedra". ¡Qué inyección de confianza! Esa fue una profecía, no una declaración del hecho real en ese momento.

Se ha dicho que lo único que Dios premiará en el *béma*, el tribunal de Cristo, es lo que hemos hecho motivados por el amor de Dios. Si eso es cierto, ¿qué clase de premio puedes esperar entonces?

Una vez que recibes auténticamente el amor de tu Padre celestial, lo menos que puedes hacer es dispensarlo a los demás. Cuando recibes amor eres capaz de darlo, incluso ansías darlo.

El pináculo del desarrollo espiritual es amar a Dios con todo nuestro ser y amar a nuestro prójimo como a nosotros mismos. Las mejores personas del mundo son las que más aman.

Este amor es fuerte, no débil

Incluso cuando Jesús vierte su amor en nosotros también nos hace valientes y mejores. Pablo lo dijo así: "No nos ha dado Dios espíritu de cobardía, sino de poder, de amor y de dominio propio" (2 Timoteo 1:7). El mayor poder en el liderazgo de *cualquier* persona es el amor.

Jesús basó su reino victorioso en el amor: "De tal manera amó Dios al mundo, que ha dado a su Hijo unigénito" (Juan 3:16). Como resultado, millones en todo el mundo estarían dispuestos a morir por Él. Y, solo para que conste, más han muerto por Cristo en los últimos cien años que en todos los mil novecientos años anteriores. Eso requiere fortaleza.

El amor de Dios en nosotros no es una emoción sentimental, sino el derramamiento total en bendición de una persona en otra. Tal vez una mañana te levantes y el amor de Dios empiece a recordarte que alguien tiene algo contra ti. Antes que te des cuenta, el amor de Dios te dirá: "Llámalo". Se necesita verdadera fortaleza para obedecer. Pero te extiendes con el amor de Dios y contactas a esa persona… y entonces Dios comienza a moverse. Ahí es cuando te das cuenta de lo real de la fuerza y el poder del amor de Dios. Lo ves en poderosa acción.

El amor dura más que cualquier don espiritual poderoso que puedas tener. Podrías expresar: "No puedo cantar ahora, ¡pero cuando llegue al cielo seguramente podré hacerlo!". Sin embargo, el cielo no tiene que ver con lo bien que cantes. Si crees que es así, estás equivocado. El cielo consistirá en amar a Dios con un amor perfeccionado y fuerte, y en amarnos unos a otros con el amor omnipotente de Dios.

La conclusión es que Dios magnifica el amor. Al final del día, el Señor desea que tú y yo lo amemos con una pasión feroz, fuerte y creciente. La única forma de que alguien sepa si amamos realmente a Dios es que nos vea usando nuestros dones y favores para amar y servir a los demás. La mejor persona en la tierra es aquella que mejor canaliza el poderoso río del amor de Dios en las vidas de quienes más lo necesitan.

Un fruto, muchas variedades

Así como un manzano expresa su vida produciendo manzanas, así el seguidor de Cristo expresa su vida produciendo el fruto espiritual del amor. ¿Qué hace un manzano sano? Produce manzanas. ¿Qué hace un cristiano lleno del amor de Dios? Expresa y lleva el amor de Dios.

En el mundo antiguo, los griegos valoraban lo que el individuo sabía, su intelecto. Los romanos adoraban a alguien por lo que podía hacer, por su poder. Pero el apóstol Pablo acentuó lo que la persona es, su carácter. Por lo que escribió estas fabulosas palabras: "El fruto del Espíritu es amor, gozo, paz, paciencia, benignidad, bondad, fe, mansedumbre, templanza; contra tales cosas no hay ley" (Gálatas 5:22-23).

Observa que Pablo habla del fruto del Espíritu en singular: el *fruto* del Espíritu, no *frutos*. Estoy de acuerdo con muchos teólogos que creen que todas las ocho cualidades que Pablo mencionó son expresiones del amor. Cada una de estas ocho cualidades debería expresarse a través de cada persona que recibe el amor de Dios. Estas ocho características son tan importantes que quiero meditar en ellas, tanto en este capítulo como en el siguiente. Creo que es así de importante.

No olvides que ninguno de nosotros puede producir el fruto del Espíritu; solo Jesús puede hacerlo. Aunque tenemos la capacidad de fabricar fruto falso, ningún ser humano puede fabricar el fruto del Espíritu. El fruto espiritual crece solo cuando un pámpano permanece vitalmente conectado a la vid. En la familia de Dios somos esos pámpanos y Jesús es la vid verdadera. Cuando el Espíritu Santo vierte el amor de Dios en nuestros corazones (véase Romanos 5:5), el fruto del Espíritu crece en nosotros, los pámpanos. El fruto que producimos alimenta a otros, quienes de este modo prueban el amor de Dios. Y así el reino de Dios se extiende.

Gozo: la música del amor

El gozo es la música del amor. Dime algo que sea más adorable que un hogar lleno de gozo. Si el amor está ausente, olvídate del gozo.

El amor de Dios puede mantener alegre a una persona bajo toda circunstancia. ¿Sabes qué dijeron los reformadores cuando se refirieron al amor de Dios que les producía gozo? Afirmaron que Dios les había dado un "alma feliz".

¿Es feliz tu alma? Tu alma habla de quién eres, es la sede del afecto, todo lo que representas. ¿Tienes esa clase de gozo? Jesús les dijo a sus discípulos: "Estas cosas os he hablado, para que mi gozo esté en vosotros, y vuestro gozo sea cumplido" (Juan 15:11). Un amigo mío ha pegado a su escritorio un dicho escrito por su piadoso tío, quien sirvió al Señor vocacionalmente durante más de setenta años y que murió dos meses antes de cumplir cien: "El gozo es la prueba indiscutible del Espíritu Santo".

La palabra traducida "gozo" en Juan 15:11 también puede significar contentamiento. Cuando Dios nos llena de su gozo, nos contentamos. ¿Estás contento? Si el contentamiento te elude, entonces te falta el gozo del Señor.

Nuestra naturaleza egocéntrica nos ha hecho creer que la felicidad y el gozo vienen solo cuando obtenemos lo que queremos. Sin embargo, ¿cuántas ilustraciones de la vida real necesitamos para ver que conseguir lo que creemos anhelar *no* satisface nuestras necesidades? Cuando algunas de las personas más ricas del mundo finalmente obtienen lo que han ansiado, se divorcian. Antes de darte cuenta, recorren tantas veces el pasillo que pierdes la cuenta. ¿Es eso felicidad? ¿Es eso gozo?

Hay quienes piensan que hallarían contentamiento, felicidad

y gozo *si solo pudieran tener ese auto nuevo, una casa más grande, niños más sanos o un poco de fama.* Pero esas cosas no traen gozo, porque el gozo no viene de obtener sino de entregar el amor de Dios. ¿Quieres gozo? Entonces aprende a dispensar el amor de Dios como si repartieras caramelos.

Cuando el amor de Dios me incita a dar, a veces obtengo risas santas. ¿Parece una locura? Quizás lo que está mal contigo es que te encuentras en lo que llamas tu "mente correcta", y esa clase de mente está a punto de arruinarte la vida. ¡Ojalá pudieras bajar la guardia!

Un domingo, alguien me dijo algo terrible y me reí.

"Esa no es la respuesta que yo esperaba", cuestionó la persona.

"Nunca triunfarás en este ministerio sin un sentido del humor", contesté. No me refiero a hacer chistes ni incluso a tener una visión agradable de la vida, sino a algo mejor que el humor: el gozo.

Cada vez que tenemos la oportunidad de desarrollar el amor de Dios hacia otros, nuestro ciclo de gozo se acelera nuevamente. Va de una ola de gozo a otra. ¿Por qué no dejar que Dios sea una fuente de refrigerio espiritual para ti y para otros?

Un granjero tuvo en cierta ocasión un ayudante que llenaba los recipientes de grano solo hasta las tres cuartas partes. El granjero le dijo: "Los recipientes no están llenos hasta que el grano se desborde".

Quiero que Dios llene mi copa de gozo hasta desbordar. Quiero que mi recipiente y mi corazón rebosen con el gozo del Señor. No quiero simplemente arreglármelas; quiero prosperar. Un cristiano que no está lleno de las bendiciones espirituales de Dios nunca desbordará gozo para refrescar las vidas de otros.

Me gusta la secuencia del gozo. ¿Cómo obtienes gozo? Viviendo según esta secuencia: Jesús, los demás y tú.

Cuando Pablo nos dice en 1 Tesalonicenses 5:16 que estemos "siempre gozosos", utiliza la misma palabra griega que en otras partes también se traduce "gozo". ¿Cómo es posible estar siempre gozosos? Es posible porque gozo no es felicidad. Mientras la felicidad se basa en circunstancia y casualidad, el gozo se basa en una relación. Necesito algo que me controle, cualesquiera que sean mis circunstancias. ¡Necesito gozo! Alguien ha dicho: "El gozo es el estandarte enarbolado desde el castillo de mi corazón, debido al Rey que habita allí".

Cuando Jesucristo nos dijo en Juan 15:11 que quiere que nuestro gozo sea "cumplido", inmediatamente añadió: "Este es mi mandamiento: Que os améis unos a otros, como yo os he amado" (v. 12). Existe una línea recta entre nuestro amor mutuo y nuestra experiencia de gozo. Como ministro y persona sociable he observado que al menos el 90 por ciento de las veces en que las personas pierden el gozo, lo hacen debido a una relación estropeada.

Cuando las personas observan tu vida, ¿ven gozo o desaliento? Si preguntas constantemente a otras personas: "¿Por qué estás tan feliz?", ¿podría deberse a que muy a menudo te sientes desanimado?

Habacuc 3:17-18 ofrece lo que llamo un "himno de fe". El profeta había visto la destrucción venidera de su tierra natal, y sabía que el terrible tiempo del juicio de Dios había llegado. Por tanto, ¿cómo respondió?

> Aunque la higuera no florezca,
> Ni en las vides haya frutos,
> Aunque falte el producto del olivo,
> Y los labrados no den mantenimiento,
> Y las ovejas sean quitadas de la majada,
> Y no haya vacas en los corrales;
> Con todo, yo me alegraré en Jehová,
> Y me gozaré en el Dios de mi salvación.

Habacuc declara: "Todo lo que había deseado ha desaparecido. Nada de lo bueno que yo quería ha sucedido. Pero debido a mi relación con Dios, aún tengo gozo, verdadero gozo, maravilloso gozo".

¿Cómo se las arregló el apóstol Pablo para alegrarse cuando sus actividades misioneras lo llevaron a la cárcel? Se regocijó incluso en prisión porque ninguna cárcel podía detener sus oraciones. Ningún carcelero podía cortarle su conexión viva con Jesús. Pablo había aprendido a regocijarse y estar contento en todas las circunstancias, no debido a las circunstancias.

Algunas cosas no me producen gozo. Pero cuando tomo esa circunstancia y se la llevo a Cristo Jesús, Dios aún puede darme gozo. Cuando tienes una buena relación con Jesús puedes regocijarte en el Señor siempre y en cualquier lugar. Escribiendo desde la cárcel, Pablo les dijo a sus amigos cristianos: "Regocijaos en el Señor siempre. Otra vez digo: ¡Regocijaos!" (Filipenses 4:4). Esa es una orden, no una sugerencia. ¿Cómo puede ordenársele a alguien que se regocije? Únicamente porque el gozo verdadero y profundo fluye de una relación creciente con Jesucristo.

Paz: acuerdo de amor

La paz es acuerdo de amor. Podemos tener paz *con* Dios y la paz *de* Dios cuando estamos de acuerdo en que Él tiene razón y nosotros nos equivocamos.

Antes de ser salvo, yo era enemigo de Dios. Un muro me separaba de una relación con Él. Pero cuando vine a la fe, Cristo Jesús derribó el muro y me hizo uno con otros que también habían llegado a conocerlo. Como resultado, la paz gobierna en nuestros corazones. Estamos de acuerdo con Dios y unos con otros.

La palabra *confesión* significa estar de acuerdo con Dios. Cuando confesé mi pecado, me arrepentí y puse mi fe en Cristo, la paz con Dios se volvió una realidad para mí. La paz *con* Dios llega a toda persona como consecuencia de una relación amorosa con el Salvador. Es como hacer un tratado de paz después que una guerra termina. La única manera en que se firma el tratado de paz con el cielo es reconocer que Jesús hizo provisión perfecta en la cruz para que tú y yo podamos ser lavados y perdonados por medio de su sacrificio.

La paz *de* Dios se refiere a una tranquilidad interior que puedes tener, incluso en medio de un mundo confundido y que se desintegra. Puedes tener esta paz porque sabes que Dios tiene el control. El fruto del Espíritu produce paz. Estoy en paz con Dios y tengo la paz de Dios. Tengo una tranquilidad interior que Dios me concede.

Una vez antes de una reunión dominical, los diáconos de nuestra iglesia se arrodillaron conmigo para orar. Durante ese tiempo solemos orar por el culto y por mí mientras me preparo para ministrar la Palabra, pero esa mañana nos arrodillamos y oramos por un varón querido de nuestra iglesia que padecía cáncer. Estaba a las puertas de la muerte. Oramos pidiendo que la paz de Dios inundara su corazón, independientemente de sus circunstancias externas.

Si piensas: *Yo podría tener paz una vez que mis circunstancias cambien*, tienes una visión reducida de Dios. Cualesquiera que sean tus circunstancias, el amor de Dios puede derramarse en tu corazón donde la paz de Dios puede gobernar incluso en medio del caos. A pesar de todas las circunstancias desagradables que ocurran alrededor de ti, puedes aprender a decir: "Tengo la paz que sobrepasa todo entendimiento en mi corazón". Esta clase de paz no se basa en circunstancias externas, sino que depende de una relación viva y vibrante con el Dios todopoderoso.

El Señor pone su paz en ti, la cual simplemente tiene que encontrar expresión a través de tu vida. Aunque el mundo se desmorone, Dios sigue teniendo el control y esa verdad te produce paz.

La paz de Dios va incluso un paso más allá. Lleva paz a otros en un mundo trastornado. ¿Sabías que Dios te ha dado un ministerio de reconciliación (véase 2 Corintios 5:18-21)?

Cada cierto tiempo, cuando oficio en un funeral veo algunas veces que la familia del difunto claramente no tiene paz. Siento confusión por todas partes, con personas polémicas que tiran de mí desde todos lados. ¿Cómo respondo? Abro mi Biblia y exalto a Jesús. Y la mayoría de veces veo cómo Dios viene a ese lugar, se instala y trae su paz. Esto es algo grandioso que no sucede en toda circunstancia.

¿Es esa tu experiencia?

¿Cómo puedo orar por ti?

Un día, un amigo y yo almorzábamos en un restaurante. Cuando nuestra mesera vino a la mesa observé que su placa de identificación decía "Jennifer".

—Jennifer —dije entonces—, estamos preparándonos para orar, agradeciéndole al Señor por nuestra comida. ¿Hay algo por lo que podamos orar por usted?

Ella se emocionó al instante.

—Oren por mí —pidió—. Soy madre soltera de dos hijos con necesidades especiales.

—Señora —le pregunté—. ¿Ha oído hablar de Night to Shine? (La Tim Tebow Foundation patrocina Night to Shine, una fiesta de celebración para jóvenes con necesidades especiales mayores de catorce años. El programa nacional se centra en el amor de Dios).

Jennifer y yo comenzamos a hablar de su situación. Yo había pedido refresco de lima y, para cuando salí del restaurante, había bebido tres vasos llenos. Jennifer se esmeraba por servirme.

—¡Dios los bendiga! —exclamaba cada vez que pasaba cerca de nuestra mesa—. ¡Dios los bendiga!

El diablo ha convencido a muchos de nosotros que, si abrimos nuestra boca para representar al Rey que nos formó, ofenderemos o causaremos enojo en alguien. No obstante, puedes mostrar interés en alguien a través de la oración. Puedes ministrarle el amor, el gozo y la paz de Dios. Oré para que Dios conmoviera el corazón de Jennifer.

—Permítame hablarle de algo, Jennifer —le dije en algún momento esa tarde—. Mi mamá fue madre soltera y crio a seis hijos. Dos de ellos nos convertimos en predicadores, mis dos hermanas sirven al Señor. Mi hermano mayor es diácono en la Iglesia Metodista, y tengo un hermano en la cárcel.

Acabé de contarle la historia de nuestra familia.

Cuando conozco a alguien en necesidad como Jennifer, hablo del amor, el gozo y la paz de Dios. Testifico lo fiel que es Jesús, cuánto la ama y que la perdonará, la ministrará y hasta la usará. Dios puede dar su amor, gozo y paz a cualquier persona, incluso en las circunstancias más difíciles.

¿Cómo ocurre esto? Recuerda, el amor es un verbo de acción. No es pasivo. El amor te llama a actuar, y luego se pone a obrar a tu favor y para el beneficio de otros.

10

¿TE PARECES A TU PADRE?

La mayoría de nosotros tenemos un punto débil en nuestros corazones por los parecidos familiares. Nos gusta cuando alguien nos dice: "Hombre, realmente puedo verte en la cara de tu hijo. ¡No queda duda quién es *su* padre!".

He pensado en esta alegría por las semejanzas familiares cuando la Biblia llama a Jesús "la imagen misma" de su Padre celestial (Hebreos 1:3). He meditado en ello cuando Jesús dijo a sus discípulos: "El que me ha visto a mí, ha visto al Padre" (Juan 14:9). Y me he preguntado por qué ningún teólogo ha escrito un libro sobre los atributos de Dios usando únicamente incidentes de la vida de Jesucristo. No puedo dejar de pensar que tal enfoque haría que un tema muy abstracto cobrara vida.

Mientras escribo, la Pascua nos llega en unas semanas. Mi mente se desplaza hacia la Semana Santa, el Calvario y todo lo que nuestro Salvador logró para nosotros en la cruz. Al pensar en los sucesos de ese momento me asombra que Jesús haya mostrado *cada una* de las variedades del fruto del Espíritu que Pablo enumeró en Gálatas 5.

Por supuesto, el *amor* movió a Dios a hacer provisión para

nuestra salvación, y el amor llevó a Jesús a morir en nuestro lugar y así hacer posible esa salvación.

Dios se llenó de gran *gozo* al llevar a muchos hijos a la gloria, y Jesús aceptó la vergüenza y agonía de la cruz por el gozo puesto delante de Él.

Dios usó la Pascua para darnos *paz* con Él, y el Príncipe de Paz, Jesús, la hizo realidad.

En este capítulo quiero analizar brevemente las seis facetas restantes del fruto del Espíritu —paciencia, benignidad, bondad, fe, mansedumbre y templanza— con la finalidad de recordarnos que estas cualidades deben caracterizarnos cada vez más como pueblo de Dios. Mientras más residan en nosotros, más nos pareceremos a Jesús.

A medida que pensaba en estas cualidades y miraba hacia la Pascua, me sorprendió poderosamente que incluso en las últimas horas antes de su muerte Jesús mostrara cada una de las seis cualidades divinas que revisaremos en este capítulo. Piensa en esto:

- Demostró gran *paciencia* cuando sus discípulos se quedaron dormidos en Getsemaní, aunque les había pedido que se le unieran en oración durante su momento más crítico.

- Mostró sorprendente *benignidad* cuando se refirió a Judas como "amigo", aunque este "discípulo convertido en traidor" llegó al huerto para entregar a Jesús a sus enemigos.

- Encarnó *bondad* inconcebible cuando fue voluntariamente a la cruz a favor nuestro; ¡no es de extrañar que lo llamemos Viernes Santo!

- Reveló gran *fe* cuando, mientras jadeaba tratando de respirar, hizo provisión para que su madre viuda recibiera cuidado continuo.

- Exhibió asombrosa *mansedumbre* cuando le dijo a un delincuente que colgaba a su lado, un individuo que momentos antes lo había ofendido y se había burlado de Él: "Hoy estarás conmigo en el paraíso".

- Hizo gala de tremenda *templanza* cuando se abstuvo de llamar a legiones de ángeles para que lo liberaran. Estos poderosos seres habrían acabado con todos en el planeta, con el mayor gusto, a fin de impedir que su Señor sufriera daño.

Al analizar brevemente estas seis cualidades, recordemos que Jesucristo exhibió perfectamente cada una de ellas en su vida en la tierra, lo cual refleja perfectamente la naturaleza divina de su Padre. Ahora es nuestro turno. Desde luego, no alcanzaremos perfección, pero, al menos, estaremos en marcha. Mediante nuestras vidas, demos a las personas una muestra de lo que les espera en el cielo.

La resistencia del amor: paciencia/entereza

Cuando amas a los demás sufres mucho con ellos. Desarrollas más serenidad. Soportas desaires con tranquilidad. Te vuelves muy atemperado y paciente. El amor sufre *mucho*.

Cuando alguien te hace daño, lo tratas con paciencia. Eso no es fácil. Debes resistir con firmeza al antiguo yo y aceptar en forma compasiva las críticas injustas. Un hombre de Dios se conoce por su paciente perseverancia. La palabra significa más literalmente "mantenerse por debajo", lo que exige resistencia. No se refiere a espera complaciente, sino a una determinación que se prolonga incluso en momentos difíciles.

Ser paciente tiene que ver con lealtad victoriosa, triunfante e inquebrantable al Señor en medio de pruebas. Tal entereza le permite al cristiano seguir con su llamado sin importar el costo. Cuando Dios lo llama a hacer algo emocionalmente difícil, se mantiene fiel al llamado. La gente dirá de él: "¡He aquí una persona paciente!".

La gente observa. Cuando perseveras, aguantas y muestras un espíritu paciente, alguien se te acercará y dirá: "Me serviste de ejemplo en la vida cristiana durante ese momento difícil. Reflejaste de tal manera lo que la Biblia dice que me mostraste el carácter de Jesús. ¡Has sido de gran estímulo para mí!".

No todo lo que Jesús nos llama a soportar es agradable. Pero si resistimos la situación mientras Dios está con nosotros, pueden suceder cosas asombrosas. A Dios le gusta honrar el valor de una persona que se mantiene paciente mientras se encuentra en un momento difícil.

El servicio del amor: benignidad/misericordia

Cuando sirves a alguien, expresas el amor de Dios por medio de tu benignidad. Ser benignos no se refiere a sentimiento sino a servicio. Expresamos el amor de Dios mediante actos de misericordia que hacemos a otros. Reflejamos la benignidad de Jesús al ofrecer nuestra ayuda incluso en pequeñeces, mejorando así la vida de alguien.

La palabra griega original traducida "benignidad" habla de afecto práctico, por medio del cual mostramos preocupación e interés. Procuramos ser misericordiosos.

Una manera de mostrar benignidad es por medio de la generosidad. Conocemos a una familia de Sudamérica que se mudó a un país musulmán cerrado. En ese lugar difícil sirven como misioneros de incógnito dentro del gobierno. Después de mudarse, sucedió algo en su país de origen que impidió el flujo de dinero desde allí hasta su nuevo lugar de servicio. Cuando no tienes dinero y sirves en uno de los países más peligrosos del mundo, estás en problemas. Al mismo tiempo, Dios les ha dado a estas personas una plataforma increíble para ministrar. Por tanto, ¿qué se puede hacer?

Algunos de mis amigos cristianos se decían unos a otros: "Tenemos que orar. Debemos ayudarles de algún modo". ¿Sabes qué hace la benignidad? Va al trono de Dios y dice: "Rey Jesús, ¿qué quieres que yo haga?".

Algunos cristianos tan solo enviarán correos electrónicos describiendo situaciones como esta y dirán: "Creo que la iglesia debe hacer algo". ¡*Tú* eres la iglesia! A veces tenemos esta idea errónea de que la iglesia está "allá afuera" y que nosotros estamos "aquí". No, tú y yo estamos en medio de ella. *Somos* la iglesia y, si en nuestros corazones hay benignidad, no dejaremos que personas necesitadas se las arreglen solas. Encontraremos una manera de ayudar.

En este caso, nos aseguramos de que alguien que estuvo dispuesto a poner la vida en peligro viviendo para Cristo en un país peligroso, separado por muchas horas de vuelo de la mayoría de sus hijos, obtuviera alguna ayuda nuestra. ¿Por qué? Porque el amor de Dios en nuestros corazones nos insta a expresar ese amor a través de misericordia.

Jesucristo vino desde el cielo a favorecernos debido a su misericordia. Nehemías llamó a Dios "grande en misericordia" (Nehemías 9:17). El profeta Joel declaró que Dios es "grande en misericordia" (Joel 2:13). La misericordia de Dios nos envió un Salvador; Dios nos salvó a causa de su benignidad y amor (Tito 3:4). Hoy día la misericordia de Dios envía creyentes a todo el mundo desde sus lugares de seguridad, ayudados por individuos, iglesias y organizaciones misericordiosas.

El amor es benigno. Si no soy benigno, no permito que el amor de Dios fluya a través de mí.

¿Soy siempre benigno? Quisiera poder responder "sí", pero no puedo. A veces he sido lo contrario a benigno. En ocasiones no he respondido según el Espíritu de Jesús me ordenó. En esos momentos no permití que el amor de Dios fluyera a través de mí.

¿Qué sucedió entonces? En su misericordia, el Espíritu del Dios vivo me convenció de mi pecado, me dio la gracia de arrepentirme y expresó: "Inténtalo otra vez".

El comportamiento del amor: bondad

Bondad se refiere a la manifestación de las virtudes de Dios en un individuo. Comenzamos a adquirir esas virtudes cuando el Espíritu Santo nos llena con el amor de Dios, y pronto nuestras vidas empiezan a expresar bondad divina.

Bondad es que José huyera de la esposa de Potifar cuando intentó seducirlo (véase Génesis 39).

Bondad es que Moisés intercediera por una nación rebelde cuando Dios amenazó con eliminarla y empezar de nuevo (véase Éxodo 32).

Bondad es que Josué perdonara las vidas de Rahab y su familia después que ella escondió a los espías hebreos enviados a Jericó en una misión de reconocimiento (Josué 6).

Bondad es que Jesús mostrara compasión a una mujer sorprendida en adulterio, pero sin aprobar el pecado de ella (véase Juan 8).

Bondad es que Pedro diera a un cojo algo muy diferente, pero mucho mejor de lo que el hombre había pedido (véase Hechos 3).

Bondad es que Bernabé se hiciera amigo de Saulo y lo presentara a la iglesia, aunque ningún cristiano quería tener algo que ver con el exfariseo (véase Hechos 9).

Bondad es que una persona prominente se ponga de rodillas, pidiéndole a Dios guía y fuerzas para hacer lo correcto.

Una noche, en un programa para honrar a niños con necesidades especiales en nuestra región, vi cómo un hombre que había vendido su compañía por mucho dinero se arrodillaba para dar brillo a los zapatos de los jóvenes participantes. Esa es la bondad de Dios en acción.

Un amigo mío que finalmente sucumbió al alzhéimer dijo mucho antes que su mente empezara a decaer: "No hay ningún mandamás en el reino de Dios, y si hay alguien que se crea mandamás, debería ir a estar con los mandamases". Un buen hombre nunca es demasiado grande para inclinarse.

Bondad es que una persona con un ingreso modesto elija servir a un grupo de personas necesitadas, cuando fácilmente pudo haber ascendido a una posición más prestigiosa si hubiera decidido promocionarse.

Hace muchos años compré un boleto de avión para ir a visitar a cuatro familias misioneras que servían en varias islas indonesias. Al descubrir que yo padecía cáncer, no pude ir. Un amigo tomó mi boleto y fue en mi lugar. Después que regresó dijo algo que nunca he podido sacarme de la mente: "Pastor Johnny, la casa donde estas personas viven con sus hijos equivaldría a una bodega que podríamos tener en nuestras viviendas". Entonces se emocionó y añadió: "Bueno, ellos no lo saben. Ni siquiera se han dado cuenta". Mi amigo pensó que debíamos hacer algo acerca de la situación de esas familias. Eso es lo que la bondad de Dios hará.

La bondad no puede dejar de expresarse. No puedes guardarla dentro de ti; tiene que emerger. Se extiende a tu alrededor y se contagia a todas las personas que entran en contacto contigo. Si no estás influyendo en tus familiares y amigos a través de tu bondad, se debe a que no estás permitiendo que el amor de Dios se vierta en tu corazón mediante el Espíritu Santo.

Le agradezco al Señor por la bondad que me ha expresado a través de muchos seguidores de Jesús. ¡Tenemos un buen Padre! La bondad se opone a todo lo malo e inmoral y motiva a la persona semejante a Cristo a depender de Dios para luchar por lograr un mundo mejor. Alguien que lleva el fruto espiritual de bondad tiene gran disposición por odiar lo que es malo. Entonces ora así: "Dios, ayúdame a odiar lo que odias y a amar lo que amas".

Si el fruto de la bondad florece en ti, entonces tienes compulsión por seguir tras lo que es bueno. Posees un gran deseo de obtener sabiduría para juzgar correctamente en todas las cosas. Albergas el anhelo de tener más consideración y sensibilidad en todos tus tratos con quienes te encuentras.

La palabra griega traducida "bondad" en el Nuevo Testamento nunca apareció en la escritura griega secular. Ni los griegos ni los romanos comprendieron el significado del amor *ágape* o de su hija, la bondad. Veían el amor y la bondad como cualidades que debían evitarse, características que hacían al individuo poco inteligente o débil. Pero Dios expresó: "La bondad es uno de mis atributos".

Si adoramos a Jesucristo, su Espíritu nos infundirá amor divino y ese amor se expresará en bondad. La bondad encuentra su sostén en el amor de Dios. La bondad produce un comportamiento que es amable pero justo, tierno pero fuerte, justo pero firme.

¿Podrían las personas decir correctamente de ti: "He aquí una buena persona"?

La medida del amor: fe/fidelidad

Tener fe significa mantenerse fiel a algo. Para ti, como seguidor de Cristo, significa mantenerte fiel a tu confianza, a tu compromiso con otros, a ti mismo y, sobre todo, mantenerte fiel a Dios.

Fidelidad es que Noé construyera el arca a pesar de las burlas y críticas de la gente de su tiempo (véase Génesis 6). Ese tipo de críticas ha frenado a muchos cristianos. Ha mantenido calladas a muchas personas en medio de un entorno comercial hostil. Muchos estudiantes creyentes han permanecido sentados mientras escépticos se levantan para blasfemar de nuestro gran Dios.

Fidelidad es la disposición de Abraham de sacrificar a su único hijo porque creía que Dios liberaría a Isaac y a través de él cumpliría la promesa del Señor (véase Génesis 22; Romanos 4:20-22; Hebreos 11:17-19).

Fidelidad es cumplir tus promesas. Es pagar tus cuentas. Es honrar tus citas. La gente sabe que se puede confiar en tu palabra. La actitud de amor *ágape* detrás de la fe en acción proporciona vitalidad y credibilidad a la influencia de alguien.

La fidelidad logra lo que la fama o la fuerza no pueden conseguir.

La manipulación no puede obtener lo que la fe alimentada por el amor sí puede lograr.

La pregunta que se hace con frecuencia es: ¿Qué haces cuando la fe no funciona? Yo diría: "Aumenta tu dosis". La fe *sí* funciona, aunque a menudo no en nuestro horario. No renuncies a Dios ni abandones la fidelidad a favor de la conveniencia.

¿Dónde puedes mostrar fidelidad hoy día? ¿Quién en tu vida necesita verla?

El estado de ánimo del amor: mansedumbre/consideración

La mansedumbre expresa amor en una manera considerada y mansa. La palabra se relaciona de cerca con la humildad. La mansedumbre y la humildad juntas brindan enorme fortaleza a tu trabajo y ministerio.

Con frecuencia, la gente tiene una idea errada sobre la mansedumbre y la humildad. Imagina un semental musculoso domado por quien lo monta. Ese caballo aún tiene toda la fuerza que tuvo, pero todos esos músculos se han sometido bajo la dirección de un amo. El freno está en la boca del semental y las riendas en la mano del jinete, pero sigue siendo un caballo poderoso.

La mansedumbre y la humildad te permiten enfrentar la crítica con gentileza y con un espíritu agradable. Fortalecen tu alma y honran a Dios. Son la actitud prevalente del amor, de su temperamento y disposición. El manso sabe que ha sido objeto de un amor redentor inmerecido, por lo que no arremete cuando le hacen daño. Es asombroso lo que esta persona puede soportar.

Alguien preguntó una vez al evangelista D. L. Moody: "¿Está usted diciendo que una persona humilde no piensa mucho en sí misma?".

"No —contestó Moody—. Una persona humilde no piensa para nada en sí misma". Humildad significa estar casi inconsciente de ti mismo.

El manso es amable, gentil y humilde. Ve lo mínimo de sí mismo y lo máximo de Dios. A pesar de que podría estar consumido por la grandeza de una causa noble, el individuo manso reconoce que en sí mismo no contribuye al éxito de dicha causa. Sabe que Dios puede muy bien lograr esta grandeza sin él.

Supón que alguien te dijera: "Gracias por tu generosa contribución a nuestra iniciativa. Mira lo que está sucediendo. Por la gracia de Dios estamos listos para ayudar a más niños desamparados que nunca antes en la historia de nuestra organización. Tu generosidad inspiró a otros a dar, y ahora podemos expandir nuestro trabajo a algunos de los países más necesitados de la tierra. Incluso en el horizonte hay más oportunidades excelentes, ¡gracias a ti!".

Sería muy fácil para ti sacar pecho y decir: "Bueno, gracias. El año pasado fue difícil para mí, pero…". Creo que en ese momento el Espíritu Santo probablemente te diría: "¿De qué estás hablando? Recuerda lo que leíste mientras orabas el otro día en Malaquías 2:2: 'Si no oyereis, y si no decidís de corazón dar gloria a mi nombre, ha dicho Jehová de los ejércitos, enviaré maldición sobre vosotros, y maldeciré vuestras bendiciones; y aun las he maldecido, porque no os habéis decidido de corazón'. Mira, si no le das ahora la gloria a mi nombre, maldeciré tus bendiciones. El hecho de que hubieras podido dar no se debió para nada a ti; fue Cristo en ti. Así que humíllate y da a Dios la gloria por lo que *Él* ha hecho".

¿Cómo puede alguien lleno del Espíritu de Dios tomarse el mérito por la obra del Señor? Un individuo gobernado por el Espíritu de mansedumbre se deleita en permanecer en segundo plano y darle a Dios la gloria que merece su nombre.

John Bunyan lo dijo mejor que nadie de quien yo haya leído. Mira estas profundas palabras de uno de sus poemas:

> Quien está abajo no teme caer;
> quien se considera pequeño, no tiene orgullo;

quien es humilde siempre dejará
que Dios sea su guía.

El control del amor: templanza/dominio propio

Un individuo con dominio propio no permite que sus deseos lo manejen. Deja que todos los aspectos de su vida sean puestos bajo el dominio del Espíritu Santo. La vida de la persona autocontrolada se caracteriza por la disciplina santa.

La expresión griega traducida "templanza" significa "agarrar o apoderarse de". Indica que Dios da poder a una persona para tomar control de sí misma.

Oí a Truett Cathy, fundador de Chick-fil-A, decir: "La razón por la cual el individuo común no puede guiar a otros es que no ha aprendido a guiarse a sí mismo". El autocontrol debe resultar en una actitud de humildad y prudencia. La templanza o autocontrol desarrolla carácter fuerte y da valor a la persona.

¿Cómo desarrollas y ejerces templanza? La desarrollas en tu vida a través de la dependencia consciente en Dios, junto con una vida de disciplina llena del Espíritu. Te importan especialmente las cosas pequeñas. Jesús declaró: "El que es fiel en lo muy poco, también en lo más es fiel; y el que en lo muy poco es injusto, también en lo más es injusto" (Lucas 16:10). Cuando eres fiel en las cosas pequeñas demuestras tu capacidad y aptitud para manejar mucho más.

Puedes ayudar a desarrollar el dominio propio si tomas algunas decisiones importantes con anticipación. Cuando mis hijas llegaron a los diez u once años de edad empezamos a enseñarles a mantenerse puras. Les dijimos: "Si un chico te dice alguna vez: 'Vente al asiento trasero conmigo', ¡no le hagas caso!". Se vuelve mucho más fácil hacer lo correcto cuando decides por anticipado seguir cierto curso de acción.

Cuando el joven Daniel se encontró en el palacio del rey Nabucodonosor con la misión de servir al monarca babilonio, "propuso en su corazón no contaminarse con la porción de la comida del rey, ni con el vino que él bebía" (Daniel 1:8). ¿Crees que tal decisión necesitó templanza, especialmente cuando vio a muchos otros jóvenes aceptar con gusto los manjares que les presentaban? Cuando llegó el momento correcto, Daniel tuvo un plan alterno razonable delante de quienes lo supervisaban. Estos aceptaron la sugerencia, y, al final de un período de prueba (que también Daniel propuso), "pareció el rostro de ellos mejor y más robusto que el de los otros muchachos que comían de la porción de la comida del rey" (Daniel 1:15). El dominio propio y el compromiso predeterminado de Daniel de honrar a su Dios, incluso con la juventud que tenía, llevó directamente a su larga y celebrada carrera en los niveles superiores del poder político de Oriente Medio.

Toma decisiones piadosas por anticipado. En el camino a una reunión difícil, determina que necesitas la ayuda de Dios para poder navegar en aguas tormentosas. Podrías orar: "Oh, Señor, revísteme de humildad. Lléname con el Espíritu de Dios, ayúdame a ejercer dominio propio y vigila mi boca para que mi lengua no pronuncie palabras que empañen tu gloria".

Ejercer autocontrol requiere que gobiernes sobre tu propio espíritu. "El diablo me hizo hacerlo" no solo es una teología mala, es falsa y ridícula. Proverbios 16:32 enseña: "Mejor es el que tarda en airarse que el fuerte; y el que se enseñorea de su espíritu, que el que toma una ciudad". Cuando controlas tus pensamientos, dominas tus acciones. ¡Es asombroso lo que ocurre cuando el amor de Dios gobierna en tu corazón!

Si permites que el Espíritu del Dios vivo te ayude a desarrollar templanza, todo tu mundo cambia. Dejas de hacer exigencias irracionales a los demás. Das a otros el beneficio de la duda. Un amigo verdadero que ejerce autocontrol continúa donde había quedado, incluso después de un tiempo prolongado de no hablarle. Tal persona no dice: "Bueno, *aquí* estás. ¡Por fin! No has llamado. No has escrito. No has enviado un correo electrónico. ¿Qué clase de amigo eres?". Quizás quieras decir todo eso. Podrías sentir todo eso. Pero el fruto del Espíritu que crece dentro de ti te permite ejercer templanza. Por tanto, ¿qué dices? "Amigo, ¡qué bueno volver a hablar contigo! Ha pasado mucho tiempo".

Proverbios 25:28 advierte: "Como ciudad con sus murallas destrozadas es el hombre que no se sabe dominar" (NBV). Cuando careces de dominio propio, el enemigo puede invadir tu espacio, atacar tus bienes y darte una paliza cuando le venga en gana. ¿Cómo vas a detenerlo? Dejaste que los muros protectores a tu alrededor se desmoronaran. El amor de Dios no quiere que eso suceda, por lo que el Espíritu entra a tu vida, desarrolla autocontrol en tu carácter y te da las fuerzas para perseverar.

Cuando el fruto del Espíritu brota en tu vida, hasta los momentos difíciles te dan la oportunidad de brillar para Dios. A través de su Espíritu, "nos gloriamos en las tribulaciones, sabiendo que la tribulación produce paciencia; y la paciencia, prueba; y la prueba, esperanza" (Romanos 5:3-4). Dios desarrolla el carácter cristiano en las personas por medio de la perseverancia, pero ¿qué persona necesita perseverar si no tiene problemas?

Al ejercer autocontrol en medio de tus pruebas, perseveras a través de las dificultades y, en consecuencia, Dios produce en ti un espíritu cristiano. La esperanza brota porque puedes ver a Dios actuando dentro de ti. Te das cuenta de que el Espíritu de Dios está convirtiéndote en mejor persona, en un líder más piadoso, y esta comprensión te brinda la esperanza de que grandes cosas esperan por delante.

Pablo le dijo a un joven pastor: "Exhorta asimismo a los jóvenes a que sean prudentes" (Tito 2:6). ¿Cómo se ve alguien prudente? La palabra sugiere el ejercicio de autocontrol. Alguien prudente desarrolla autocontrol mediante el poder para gobernar todas sus pasiones y deseos. Admito que cada vez que mi boca imprudente me ha metido en problemas, la causa fue mi fracaso en refrenar mis pasiones. Quité de en medio lo que las regula.

Supón que alquilas un camión para mudarte a otra parte del país. Quieres llegar allí lo más pronto posible, pero el dueño del camión ha instalado un regulador que difícilmente te permite alcanzar el límite de velocidad y tardas una eternidad en llegar a cualquier parte. Solo cuando vas cuesta abajo puedes obtener un poco de velocidad porque el regulador restringe la velocidad que puedes alcanzar.

Cuando estamos llenos del Espíritu Santo de Dios, el Espíritu sirve como regulador. Es más, las Escrituras incluso aseguran que es quien detiene la maldad. Al escribir sobre el tiempo del fin en que Dios empiece a concluir toda la historia humana, Pablo declaró: "Ya está en acción el misterio de la iniquidad; sólo que hay quien al presente lo detiene, hasta que él a su vez sea quitado de en medio" (2 Tesalonicenses 2:7). Cuando venga ese día (el tiempo en que el Señor quite del camino al Regulador, el Espíritu Santo) todo el infierno se desatará. ¿Crees que las cosas parecen estar descontroladas ahora mismo en nuestra nación? Solo espera hasta que el Regulador, el Gobernador, el Espíritu Santo, sea quitado de esta tierra. Toda maldad se desatará.

El autocontrol te permite gobernar todos tus deseos y pasiones. A medida que el Espíritu llena tu vida con su amor y tú cooperas con Él para cultivar el fruto del Espíritu en ti, desarrollas dominio propio, autodisciplina y moderación. Te vuelves de mente sobria y aprendes a manejar tu vida de modo más eficaz.

Si quieres ser un hombre o una mujer de Dios debes prepararte para cultivar equilibrio y autocontrol. ¿Quieres que Él te dé más oportunidades de crecer, más libertad para explorar? Hay sabiduría en el antiguo dicho: "Mientras más libertad se otorgue, más autocontrol se necesita". Pablo escribió: "Cristo nos liberó para que vivamos en libertad" (Gálatas 5:1, NVI).

Sin embargo, muchos cristianos prefieren vivir bajo la ley: haz esto, no hagas eso, siéntate, no vayas allá. Pero cuando vives en libertad tienes más opciones. ¿Qué deberías hacer con tu tiempo libre? ¿Cómo debes configurar tu horario? Necesitas un regulador, un limitador para controlar tus deseos y pasiones. Mientras permanezcas en la vid verdadera, el fruto espiritual de autocontrol crecerá sobrenaturalmente. Pero el requisito es permanecer.

Pablo lo expresó de este modo a la iglesia descontrolada en Corinto: "Todo aquel que lucha, de todo se abstiene" (1 Corintios 9:25). Abstenerse significa ejercer dominio propio. El apóstol les dijo a sus amigos cristianos que los atletas paganos se abstienen de algunas cosas a fin de ganar una carrera o un juego, con la esperanza de conseguir una corona de victoria hecha de hojas perecibles de laurel. Pero los seguidores de Cristo participan en la carrera de la vida por una corona imperecedera. Pablo les dijo que él corrió, pero no con incertidumbre. Luchó, pero "no como quien golpea el aire". Al contrario, "golpeo mi cuerpo, y lo pongo en servidumbre, no sea que habiendo sido heraldo para otros, yo mismo venga a ser eliminado" (1 Corintios 9:27).

Para triunfar en la vida cristiana, la templanza tiene que ser parte de quien eres. A medida que el Espíritu obra en tu vida te vuelves cada vez más sensible y cabal. Obtienes dominio propio, lo cual dirige tu comportamiento.

Una vez visité Argentina para hablar sobre liderazgo. Alguien en la conferencia me dijo: "Usted está aquí enseñando liderazgo; me sorprende que no esté enseñando teología".

"Aquí hay un instituto bíblico que enseña teología —contesté—, y en mis viajes por todo el mundo he observado que el líder promedio no tiene problemas debido a su teología. El líder promedio se mete en problemas debido a malas relaciones y falta de comprensión sobre el funcionamiento de la vida. Muchos líderes no saben cómo relacionarse y llevarse bien con los demás".

¿Sabes qué enseñé esa semana? Hablé mucho sobre autocontrol, sobre aprender a ser sensibles y sobre cómo obtener templanza, lo cual lleva a una mentalidad sana y un comportamiento piadoso. El Antiguo Testamento usaría la palabra *prudencia* para describir el mismo tema. Ejercitar el autocontrol significa desarrollar una cualidad de mente que mantiene segura la vida. El dominio propio produce la clase de seguridad que viene de tener todo bajo el control de Dios.

Cuando sirvo como orador invitado y muchos líderes llenan el salón, ¿sabes qué suelen preguntar después de mi charla? La mayoría hace la misma pregunta: "¿Qué es lo más importante que usted cree que los líderes deben saber?".

Siempre contesto lo mismo: "Mantenerse accesible y actuar con rectitud. Cuidar el corazón más que otra cosa porque ahí está la fuente de la vida. Cuidarlo con diligencia. Desarrollar dominio propio. No dejar que la vida se descontrole".

El gran principio que une todo esto es Proverbios 29:18 que enseña: "Donde no hay visión, el pueblo se extravía" (NVI). Tal vez hayas memorizado este versículo en la versión Reina-Valera, que dice: "Sin profecía el pueblo se desenfrena". El versículo quiere decir que sin una revelación profética (sin la Palabra de Dios hablando al corazón del individuo) esa persona se desenfrena. Carece de autocontrol. No tiene visión de su futuro más allá de la gratificación inmediata de su carne.

Dietrich Bonhoeffer dijo acertadamente que el diablo no está tratando de hacer que niegues a Dios; solo quiere que temporalmente te olvides de Dios. En ese olvido temporal, solo por un momento, Satanás puede tentarte a tomar una decisión que puede alterar el resto de tu vida, cambiando el modo en que otros te ven, y no para bien. Podrías quedar marginado.

Cuando nos desenfrenamos, quitamos los controles, nos desenganchamos. Entregamos las riendas de nuestra vida a alguien más.

En lugar de permitir que Cristo y el Espíritu de Dios nos controlen, damos el control a algo más. Cuando cedemos a la tentación de la lujuria, la mentira, el robo, el chisme o cualquier otra cosa que nuestra carne quiera hacer, dejamos de lado el dominio propio y cedemos. No triunfarás en la vida sin desarrollar autocontrol.

Mientras más vivo, más me convenzo de que *nada* significa tanto en la vida de alguien piadoso como la pureza moral. ¡Esa es la verdad! Y no puedes permanecer moralmente puro sin desarrollar autocontrol.

Emular supera a delegar

No muy a menudo hago una declaración digna de twittear, pero la hice hace un tiempo. Dos o tres sujetos jóvenes estaban cerca cuando dije algo que los motivó a sacar de inmediato sus teléfonos y twittearlo. Yo había dicho: "Delegar jamás reemplaza a emular".

De vez en cuando mi esposa me dice en broma: "Lo único que haces es ir a tu oficina, hablar por teléfono y decirles a los demás lo que tienen que hacer".

"Ese es un don —contesto—. Se le llama delegar".

Pero delegar tareas nunca es un sustituto para emular a Cristo. Aunque definitivamente hago más que delegar, delegar no me ayuda mucho a crecer más como es Jesús.

Quiero que las personas vean un fuerte parecido familiar entre mi Señor y yo. Anhelo que digan: "Vaya, realmente puedo ver a Cristo Jesús en ti". Si te miraras hoy en un espejo, ¿cuánto de Jesucristo verías reflejado allí?

Parte 3

GANAR EN JESUCRISTO

11

PELEA LA BUENA BATALLA DE LA FE

Andre Ward se retiró del boxeo profesional en 2017 como doble campeón mundial en la división de pesos semipesados. Se puso los guantes por última vez después de conseguir un registro de 32-0; no había perdido en el ring desde 1998 cuando peleaba como un aficionado de trece años.

Lo más destacado de su carrera (el logro que lo puso a "la cabeza de la lista", que fue considerado como su "mayor victoria" y su "momento de gloria en el boxeo") vino en 2004 cuando ganó la medalla de oro olímpica. Ningún estadounidense ha logrado esa hazaña desde entonces.[10]

Ward anunció su retiro en Twitter bajo el título: "Misión cumplida", y después escribió: "Al alejarme hoy del deporte de boxeo, me voy en lo alto de la montaña gloriosa de ustedes, lo que siempre fue mi visión y mi sueño. Lo logré. Lo logramos".

¿Por qué Ward se retiró a la relativamente joven edad de treinta y tres años? En una palabra, el deporte le afectó en gran manera el

---

10. "The Happy Hour: Ward Reveals Why He Retired, What's Next", *NBC Sports*, www.nbcsports.com/bayarea/video/happy-hour-andre-ward-reveals-why -he-retired-whats-his-next-step.

cuerpo. Así explicó: "Me voy porque mi cuerpo ya no puede soportar los rigores del deporte, por lo que ya no tengo deseos de pelear. Si no puedo darle a mi familia, a mi equipo y a los fanáticos todo lo que tengo, entonces ya no debo seguir peleando".

La decisión de Ward sorprendió a muchos observadores, pero no a quienes lo conocían mejor. Él dijo que decidió alejarse del boxeo para darle más tiempo a su familia, a su comunidad, a su iglesia y quizás a una nueva carrera en radiodifusión. Ward explicó a un entrevistador: "El boxeo solo constituye una temporada. No representa mi vida. Es lo que hago. No es lo que soy". Sin embargo, declaró que le había entregado al deporte "todo lo que soy".[11]

Creo que si el apóstol Pablo hubiera vivido en nuestros días podría haber disfrutado mucho siguiendo la carrera de Andre Ward. Los escritos de Pablo dejan en claro que al apóstol le gustaba asistir a eventos atléticos, especialmente boxeo y atletismo. Supongo que Pablo elogiaría con entusiasmo a Ward no solo por sus logros estelares en el boxeo, sino por su excelente perspectiva de vida.

El anuncio

Pablo anunció su propio "retiro" en su última carta: "He peleado la buena batalla, he acabado la carrera, he guardado la fe" (2 Timoteo 4:7). Parece natural que, cuando Pablo enfrentaba la muerte, debió mirar hacia atrás y pensar en su larga carrera. La imaginó como una pelea de boxeo y como una carrera de larga distancia.

La batalla

Observa que Pablo no dice que había peleado bien, sino que había participado en una batalla que valió la pena. La lucha había provocado sus mejores y más valiosos esfuerzos. El griego original

---

11. Brin-Jonathan Butler, "Andre Ward Fights to Avoid a Boxer's Bad Ending", *Undefeated*, 4 de agosto de 2016, https://theundefeated.com/features/andre-ward-fights-to-avoid-a-boxers-bad-ending/.

de la frase declara: "La buena batalla que he peleado". Esto quita el énfasis del "yo".

Pablo no hizo ningún comentario sobre haber hecho lo mejor que pudo en la contienda, solo que había peleado en la batalla más noble y grandiosa de todas: la ministración del evangelio. Ninguna otra batalla se comparaba con esa. Ninguna otra misión podría tener mayor importancia.

El apóstol también denominó "la" batalla, no "una" batalla. Esto sugiere que Pablo creía que el Señor lo había apartado para una contienda muy específica. Su lucha no se pareció a la de Pedro. Timoteo tuvo una clase de batalla distinta a la de ellos. Es más, *todos* tenemos batallas diseñadas específicamente para nosotros: diferentes estímulos, diferentes aspectos destacados, diferentes dificultades, diferentes necesidades. Cada asalto tiene su propio carácter y sensación. Aunque la esencia de la contienda sigue siendo la misma para todos nosotros (dar a conocer el evangelio de Jesucristo), cómo y dónde batallamos y muchos otros detalles cambian notablemente.

La carrera

Pablo vio su carrera igual que vio su batalla. No se elogió por haber corrido la distancia completa, sino que simplemente declaró que había seguido el curso específico establecido por su Señor. Al igual que Andre Ward, el apóstol pudo haber twitteado: "Misión cumplida".

Mucho antes de estar en el corredor de la muerte, Pablo había dicho: "De ninguna cosa hago caso, ni estimo preciosa mi vida para mí mismo, con tal que acabe mi carrera con gozo, y el ministerio que recibí del Señor Jesús, para dar testimonio del evangelio de la gracia de Dios" (Hechos 20:24). Ahora en una húmeda cárcel romana, Pablo sabía que estaba a punto de terminar el propósito divino para el cual Dios lo había puesto en la tierra. Había terminado la carrera marcada específicamente para él.

¿Conoces la carrera que Dios ha marcado específicamente para ti? Como atletas de Dios, a cada uno de nosotros se nos ha fijado un curso. Dios mismo ha elegido nuestro sendero y ha marcado el camino que desea que recorramos. Si alguien afirma que empezó la carrera, pero nunca lo vemos en la pista, ¿se encuentra realmente en la carrera? Esta carrera exige progreso.

También es tu carrera

Pablo eligió la analogía de un corredor para describir el crecimiento espiritual de cada cristiano. Simón Pedro lo dijo de este modo en el último versículo de la última carta que escribió: "Creced en la gracia y el conocimiento de nuestro Señor y Salvador Jesucristo" (2 Pedro 3:18). Tanto Pablo como Pedro, en la última correspondencia que escribieron, resaltaron la necesidad de crecer en la vida cristiana. ¿Cómo podríamos ser más como Cristo? Al igual que un corredor en una carrera, tú y yo debemos seguir adelante porque el objetivo final es ser conformados a la imagen de Cristo.

¿Quieres ser más como Jesús? Sé que no permanecerás fiel a la carrera a menos que te guste el lugar a donde te lleva. Si no te gusta dónde terminará la carrera, renunciarás. Para el cristiano, la línea de meta es incuestionablemente ser más como Cristo. El premio al final de la batalla y la recompensa al terminar la carrera es ser como Jesús.

¿Te gusta ese destino? ¿Deseas auténticamente ser más como Jesucristo?

Hay mucho más en tu relación con Dios que simplemente obtener vida eterna. Una vez que eres salvo, Jesús te infunde su vida, con la intención de que esta predomine sobre todo lo demás. A partir de entonces, un individuo de Dios encuentra su más grande gozo y satisfacción en permitir que Jesús haga lo suyo. ¿Se parece eso a ti? Independientemente de dónde estés ahora y de lo bien o mal que hayas boxeado o corrido hasta este momento, Jesús aún quiere cumplir su sueño para tu vida.

Podrías estar pensando: *No conoces mi historia. ¿Crees de veras que Él tiene un propósito, un sueño y un potencial para mi vida?* ¡Por supuesto! Pero hacer que esto suceda podría requerir una corrección a medio camino.

Me encanta el proverbio chino: "Si no cambias la dirección en la que vas, es probable que termines donde te diriges". No llegues al final de tu carrera y digas: "*No* es así como esperaba que resultara mi vida". Echa un vistazo al camino por el que viajas ahora. Observa todo el recorrido hasta el final de la línea. Si no te gusta lo que ves, entonces cambia de senda.

El sueño de Cristo para ti incluye un propósito convincente de vida, una fuente continua de gozo y paz, una relación íntima con su Padre, una mente llena de sabiduría eterna que solo Dios puede dar y un corazón rebosante de amor por Él y por los demás. Y esa no es una lista exhaustiva.

Todos estamos embarcados en un viaje de por vida. Nuestros mejores esfuerzos aquí resultarán en un producto incompleto, porque ninguno de nosotros será totalmente transformado a menos que pasemos de esta vida a la próxima. Sin embargo, hoy tenemos la oportunidad de cambiar de una vida aquí en la tierra centrada exclusivamente en el éxito a una vida centrada en servir a Dios y su creación. Esa es la batalla que peleamos, la carrera que corremos. Estamos llamados a ser seguidores de Cristo, no simplemente admiradores de Cristo. El cristianismo no es una religión para consumidores, sino una relación para participantes.

¿Estás participando?

La fe

Cuando la vida del apóstol en este planeta llegaba a su fin, Pablo dijo que había "guardado la fe" (2 Timoteo 4:7). Es como si le hubieran confiado un tesoro valioso para que lo entregara a alguien al otro lado del mundo.

Pablo guardó fielmente el depósito del Señor. Administró con cuidado la comisión que había recibido. Concordó fielmente con Judas, quien instó a ciertos amigos cristianos a contender "ardientemente por la fe que ha sido una vez dada a los santos" (Judas 3).

¿Cómo debemos contender por la fe? Una vez hablé ante una conferencia de fin de semana de mil ochocientas mujeres. Una participante me preguntó durante un descanso: "¿Qué debo hacer pastor Hunt, si mi esposo no viene a la iglesia?".

Bueno, ¿quién es la iglesia? *Somos* la iglesia. El Dios que solía vivir en un templo lo abandonó porque su pueblo profanó su divino nombre. Posteriormente, Él se mudó a nosotros y declaró: "No te desampararé, ni te dejaré" (Hebreos 13:5). Dios no planifica irse alguna vez, porque el reino de Dios está dentro de nosotros (Lucas 17:21).

Así que le contesté a la mujer: "Usted se refiere a que él no vendrá al templo donde nos reunimos. Pero *usted* es la iglesia, así que llévele la iglesia. Entretéjale su fe de manera tierna, amable y agradable en cada conversación, en cada oportunidad que tenga en casa. Obre en ello. Dele a Dios la gloria". Esa es una manera de contender por la fe.

Otra forma de contender por la fe es vivirla. Ravi Zacharias, uno de los principales apologistas cristianos del mundo y buen amigo mío, afirma que el mundo está en desesperada necesidad de *ver* cristianos cuyas vidas cambien debido a su relación con Cristo.

Ravi ha hablado en los recintos de muchas universidades islámicas alrededor de todo el mundo para presentar su caso a favor de Cristo. Me dijo que, cuando observa las multitudes que escuchan su mensaje, es como si los teólogos islámicos en la audiencia estuvieran diciendo en sus corazones: *Espero que lo que él está diciendo sea verdad*. Ellos ya saben que lo que han adoptado no funciona.

¿Adivinas cuál es el mayor obstáculo que impide a estos hombres poner su fe en Cristo? No es algo teológico. Estos dirigentes islámicos quieren saber si esta relación con Jesucristo puede vivirse de veras. Lo preguntan porque, cuando observan al cristiano profeso promedio, solo ven muy poca diferencia entre la manera en que vive y el estilo de vida de cualquier otra persona.

Pablo guardó la fe. Nosotros también debemos hacerlo.

El premio

Aunque ninguno de nosotros puede ganar en alguna forma ninguna parte de nuestra salvación, eso no significa que Dios nos salve para que permanezcamos sentados. Pablo nos ofrece un ejemplo maravilloso cuando escribió: "Por la gracia de Dios soy lo que soy; y su gracia no ha sido en vano para conmigo, antes he trabajado más que todos ellos; pero no yo, sino la gracia de Dios conmigo" (1 Corintios 15:10).

Cuando algunos falsos maestros intentaron afirmar que tenían más autoridad y credibilidad que Pablo, el apóstol escribió: "He trabajado más arduamente, he sido encarcelado más veces, he recibido los azotes más severos, he estado en peligro de muerte repetidas veces. Cinco veces recibí de los judíos los treinta y nueve azotes", y luego detalla una larga lista de sus labores para Cristo (2 Corintios 11:23-24, nvi).

Ahora, al final de su vida, Pablo esperaba recibir una recompensa por todo su duro trabajo. Cumplió las reglas y merecía un premio. Por lo que dijo: "Me está guardada la corona de justicia" (2 Timoteo 4:8). Pablo había sido fiel al llamado de Dios, por lo que miraba hacia delante con la seguridad de recibir un elogio entusiasta de su Señor.

La corona (*stéfanos* en griego) era la corona de un vencedor. Dios otorgará la corona "de justicia" a las personas justas que viven de modo justo. En los antiguos juegos griegos, los funcionarios exhibían en algún lugar público los premios que se concedían a los vencedores. No solo honraban a los atletas ganadores, sino que cuando esos triunfadores regresaban a casa con sus coronas o galardones, sus familiares y vecinos les ofrecían una gozosa procesión y recepción.

Pablo tiene todo esto en mente mientras ve en el futuro la audiencia que se acerca rápidamente con Jesús, su Señor. Ve los juegos griegos como un vago presagio de todo lo que los cristianos victoriosos pueden anticipar de Cristo. Por eso escribe en otra parte: "¿No sabéis que los que corren en el estadio, todos a la verdad corren, pero uno solo se lleva el premio? Corred de tal manera que lo obtengáis" (1 Corintios 9:24).

¿Estás corriendo la carrera de la fe de tal manera que puedas obtener el premio?

El árbitro

Si alguna vez has participado en un deporte sabes que los árbitros no siempre toman las decisiones correctas. Parece que todos los años un equipo que no lo merece gana un partido debido a una mala decisión. Los árbitros cumplen todo lo mejor que pueden, pero cometen errores, igual que los jugadores y entrenadores.

Jesús no comete esos errores. Pablo lo llama el "juez justo" que toma siempre las decisiones correctas, todas las veces, sin excepción. Ningún escándalo de fraude estropea la perfección del cielo, ninguna falta de información lleva a juicios erróneos. Jesús, el Juez justo, otorgará las recompensas que todo creyente haya ganado.

En "aquel día", el tiempo de la venida de nuestro Señor en que el tribunal del juicio de Cristo ocupará el centro del escenario, cada uno de nosotros comparecerá delante del Señor para mirar de cerca las cosas que hicimos mientras estuvimos en el cuerpo, sean buenas o malas. Allí no se tendrá en cuenta la salvación, sino las recompensas por servir fielmente:

> Si sobre este fundamento alguno edificare oro, plata, pie-
> dras preciosas, madera, heno, hojarasca, la obra de cada
> uno se hará manifiesta; porque el día la declarará, pues
> por el fuego será revelada; y la obra de cada uno cuál sea,
> el fuego la probará. Si permaneciere la obra de alguno que
> sobreedificó, recibirá recompensa. Si la obra de alguno se
> quemare, él sufrirá pérdida, si bien él mismo será salvo,
> aunque así como por fuego (1 Corintios 3:12-15).

Por desgracia, ya no oímos mucho sobre el juicio o las recompensas eternas por servir. Hace muchos años, en una entrevista con
Billy Graham, David Frost preguntó: "Doctor Graham, si tuviera
que volver a hacer todo de nuevo, ¿qué haría en forma diferente?".

No recuerdo las palabras exactas del doctor Graham, pero en
esencia respondió: "Predicaría más sobre el juicio". Hoy día, si pre-
dicas sobre el juicio es probable que alguien diga: "Deberías haberles
dicho que Dios los ama". Pero ningún predicador ama a su congregación si no predica sobre el juicio. ¿Sabías que el Señor Jesucristo
habló tres veces más a menudo del infierno que del cielo?

En 1741, Jonathan Edwards pronunció un famoso sermón que
Dios usó para cambiar a toda una generación. Lo tituló "Pecadores
en manos de un Dios airado". En nuestra propia época escuché una
vez a R. G. Lee predicar un sermón que denominó "Día de pago".
El día del juicio se acerca, pero no tenemos que temerlo. Pablo miró
hacia delante a ese día, porque sabía que había peleado la batalla,
había corrido la carrera y había guardado la fe. Tú puedes tener la
misma confianza.

La ceremonia de entrega de premios

La Biblia no nos ofrece muchos detalles sobre la ceremonia celestial de entrega de premios en que Cristo Jesús nos dará nuestra
recompensa, pero sabemos que será espectacular. A diferencia de
los juegos olímpicos modernos, los ganadores no obtendrán solo un

día, o incluso cuatro años de notoriedad, sino una eternidad para celebrar lo que Dios ha hecho a través de ellos.

En 1992, cuando el mundo se preparaba para los Juegos Olímpicos de Barcelona, Reebok lanzó una enorme campaña publicitaria para robarle algo de protagonismo a Nike, la empresa de ropa deportiva más grande del mundo. Reebok creó una serie de comerciales llamativos con los decatletas estadounidenses Dan O'Brien y Dave Johnson bajo el lema: "La vida es corta. Juega duro". O'Brien y Johnson fueron esencialmente los dos mejores decatletas de la época, y la estrategia de Reebok se enfocó en cuál ganaría el oro y cuál la plata. Los veía a los dos como si estuvieran "batallando por el título del atleta más grande del mundo".

Desdichadamente para Reebok, O'Brien ni siquiera llegó al equipo olímpico estadounidense y Johnson sufrió una fractura por estrés en el pie izquierdo, logrando "solo" una medalla de bronce. Reebok había gastado de veinticinco a treinta millones de dólares en la campaña, y no se apresuró a contratar a ninguno de esos atletas para más aventuras comerciales.

Eso nunca ocurrirá con Jesús. Como el Juez justo, Él anhela entregarnos galardones "de oro, plata y piedras preciosas" como recompensa por nuestro servicio fiel. Si tropezamos, no retirará nuestro contrato. Nos pide que nos esforcemos mucho, mediante su Espíritu, pero no exige que trabajemos a la perfección. Necesitamos gente en la carrera de Dios que corra con todas las fuerzas, apuntando al oro, la plata y las piedras preciosas.

Recuerda, Jesús nunca te abandonará. Estará allí contigo mientras corres tu carrera. Cuando las cosas se pongan difíciles, piensa en la próxima ceremonia de premiación… y sigue corriendo.

La invitación

Jesús tiene una corona para dar, no solo al apóstol, "sino también a todos los que aman su venida" (2 Timoteo 4:8). A lo largo de las

Escrituras, Dios menciona el regreso de Jesús junto con nuestra manera de vivir piadosa.

El apóstol Juan, por ejemplo, nos instruye: "Permaneced en él, para que cuando se manifieste, tengamos confianza, para que en su venida no nos alejemos de él avergonzados" (1 Juan 2:28). Para enfatizar su mensaje escribe que todo aquel que pone su esperanza en el regreso de Cristo "se purifica a sí mismo, así como él es puro" (1 Juan 3:3).

¿Cuán a menudo reflexionas en el regreso del Señor? Si pensaras en esto con mayor frecuencia, ¿te ayudaría a seguir corriendo tu carrera? ¿Qué esperas recibir de Jesús cuando Él reparta sus recompensas ese día?

¿Lo conoces bien?

En 2 Timoteo leemos el discurso de despedida de Pablo, pero en Filipenses oímos claramente la pasión de su vida. Esto lo fortaleció hasta el final "a fin de conocerle, y el poder de su resurrección, y la participación de sus padecimientos, llegando a ser semejante a él en su muerte" (3:10).

Pablo sintió que llegaba a conocer a Jesús en un modo profundo e íntimo como la razón de su misma existencia. ¡Hay gran diferencia entre saber *acerca de* Jesucristo y *conocerlo*! Pablo quería que su relación con Cristo afectara completamente su vida cotidiana. La Traducción en Lenguaje Actual muestra así el versículo:

> Lo único que deseo es conocer a Cristo [que progresivamente pueda conocerlo de manera más profunda e íntima, percibiendo, reconociendo y comprendiendo las maravillas de su Persona en forma más fuerte y clara]; es decir, sentir el poder de su resurrección [que ejerce sobre los creyentes], sufrir como él sufrió, y aun morir [en Espíritu en su semejanza] como él murió.

Pablo tenía un propósito fijo y determinado de "conocerlo". Y quería conocer a Jesús por lo menos en tres maneras principales.

1. Conocerlo íntimamente

El verbo griego *ginósko* (o *epiginósko*) significa conocer por experiencia personal. En este versículo aparece en el tiempo aoristo, que habla de una relación íntima y personal con Jesucristo, comenzando en algún punto del pasado. Pablo había conocido a Jesús treinta años antes en el camino a Damasco, pero ese conocimiento tenía implicaciones actuales, ya que era su gran pasión hasta ese día. Cuando llegas a conocer a Cristo siempre quieres conocerlo mejor.

Cuando los escritores del Antiguo Testamento escribieron sobre la relación sexual de esposo y esposa, dijeron que el esposo "conoce" a su esposa. El término describe la relación humana definitiva del matrimonio.

En el Nuevo Testamento, cuando Mateo dice que José "no la conoció [a María] hasta que dio a luz a… JESÚS", usó la palabra *ginósko* (Mateo 1:25). Quiso decir que José no tuvo intimidad con María hasta después de su matrimonio y del nacimiento de Jesús. Nuevamente, la palabra describe la más profunda unión humana posible.

Pablo quería *conocer* a Jesús en el verdadero sentido bíblico; no conocerlo solo por intelecto sino por intimidad. Aquellos que conocen a Jesucristo solo en el sentido de conocimiento intelectual no lo conocen como quienes lo experimentan en sus corazones. Cuando conoces íntimamente a Jesús, tu vida cambia, por lo que obtienes enorme influencia en el reino de Dios. Deseas que todo el mundo llegue a conocerlo.

2. Conocerlo experimentalmente

El apóstol había visto a Jesús obrar en su vida en maneras sorprendentes. Es muy emocionante poder decir: "Dios suple mis necesidades". Tú y yo tenemos la misma oportunidad.

Durante nuestro tiempo en la universidad, mi esposa y yo no teníamos nada. Yo salía de la pobreza, no había visto a mi padre en unos trece años y mi madre era beneficiaria de la asistencia social. Sin embargo, sentí que Dios me llamaba al ministerio, y Gardner-Webb College aceptó mi solicitud de admisión. No obstante, yo solo tenía un diploma de equivalencia general y la universidad no me permitía aspirar a una beca académica. Ingresé únicamente porque recibí una subvención gubernamental de un semestre.

Un lunes por la noche, Janet me dijo: "Cariño, sé que Dios va a cuidar de nosotros, pero nos hemos quedado sin comida". Acabábamos de empezar a asistir a la Iglesia Bautista Betel en Shelby, Carolina del Norte. Esa noche, la esposa del pastor, la señora Ezell, llegó a nuestro lugar a visitarnos. Nos agradeció por haber ido a Betel y nos dijo que esperaba que, mientras asistíamos a Gardner-Webb College, decidiéramos ser parte del ministerio de la iglesia.

"Espero que no les importe —continuó ella—, pero ayer cuando nos visitaron sentimos que había una necesidad en su vida. El Señor nos habló al respecto, por lo que tenemos algunas cosas para ustedes en el auto". Fueron al auto y trajeron un montón de comida. Las delicias eran tantas que tuvimos suficiente no solo para nosotros, sino que, debido a que vivíamos en todo un vecindario de predicadores pobres, nos acercamos a ellos y les dimos parte de lo recibido.

Dios estaba enseñándonos que no teníamos que predicar solo en teoría que Él cuida de sus hijos. Podemos testificar que el Señor no solamente envió cuervos para alimentar a Elías, sino que hoy día tiene cuervos que aun envía para *suplirnos*. ¡Es asombroso conocer a Jesucristo tanto íntima como experimentalmente!

¿Sabías que las personas observan para ver cómo respondes en el mal tiempo? Quieren averiguar: *¿Conoce él realmente a Dios? ¿Viene en realidad Dios? ¿Cuida de veras Dios de sus hijos?*

Este mundo herido necesita desesperadamente ánimo y puedes suministrarlo cuando conoces a Dios de modo tanto íntimo como experimental. Te emocionará escuchar que alguien te diga: "¡No hay explicación para lo que veo que está ocurriendo en tu vida, aparte de la intervención del Dios todopoderoso!".

3. Conocer su poder

Pablo quería conocer el *poder* de la resurrección de Cristo. En otro tiempo oró "para que sepan a qué esperanza él los ha llamado, cuál es la riqueza de su gloriosa herencia entre los santos, y cuán incomparable es la grandeza de su poder a favor de los que creemos. Ese poder es la fuerza grandiosa y eficaz que Dios ejerció en Cristo cuando lo resucitó de entre los muertos y lo sentó a su derecha en las regiones celestiales" (Efesios 1:18-20, NVI).

Pablo no oró pidiendo que *se les diera* a los creyentes el poder de Dios, sino que estos *se dieran cuenta* del poder que ya tenían en Cristo, y que lo *utilizaran*. Si eres cristiano, Dios ya te ha dado como posesión tuya el inmenso poder de su resurrección. Ahora debes aprender a apropiarte de ese poder en tu vida diaria.

Algunos cristianos no experimentan este poder divino porque han permitido que algún pecado se convierta en una trampa en sus vidas. Sin embargo, aun así, el poder de la resurrección de Jesucristo puede liberarlos. Efesios 3:20 declara: "A Dios sea la gloria, pues por su poder eficaz que actúa en nosotros, él puede hacer muchísimo más de lo que nos podemos imaginar o pedir" (NBV). El poder de Dios es ilimitado y está mucho más allá de nuestra comprensión.

¿Permitirás que el poder de Dios actúe a través de ti? *Puedes* andar en victoria: "Como Cristo resucitó de los muertos por la gloria del Padre, así también nosotros andemos en vida nueva" (Romanos 6:4). Solo el poder de la resurrección tiene las fuerzas para vencer al poder del pecado.

Qué día tan renovado tendríamos en nuestras iglesias si todos aquellos que afirman ser salvos se inclinaran delante del Dios todopoderoso y dijeran: "Señor, tengo toda clase de deseos y ambiciones, pero quiero rendirme de nuevo a tu soberana voluntad. Te pertenezco, fui hecho por ti y para ti. Ahora mismo me entrego a tu voluntad".

¿Necesitas hacer esa oración? Si es así, te insto a que la hagas en este momento y luego habla al respecto con alguien más, empezando con tu familia. Es hora de que ese nuevo día empiece en la iglesia de Jesucristo.

¡Levántate!

Muchos de nosotros impedimos nuestro crecimiento espiritual porque no captamos el potencial total de un discípulo. Pablo escribió: "Espero alcanzar la resurrección [espiritual y moral que me levante] de entre los muertos [incluso estando en el cuerpo]" (Filipenses 3:11, NVI). El apóstol quiso decir: "Cueste lo que cueste, deseo esa vida nueva y fresca de quienes están vivos entre los muertos". Para Pablo, esta esperanza tenía implicaciones futuras y presentes.

Pablo deseaba tanto parecerse a Cristo en cómo vivía, que ansiaba que las personas creyeran que ahora él ya era una persona resucitada, incluso antes de su muerte física. La palabra "resurrección" significa literalmente "levantarse", y por lo general resaltaba algún contraste, como sucede con "destacarse". Para la mente griega, aquellos que aún no habían nacido de nuevo yacían acostados. Y para experimentar una resurrección, el individuo debía levantarse.

Si estás muerto, ¿qué eres? Un cadáver. Pablo afirma: "Espero levantarme de entre los cadáveres". Esta es una referencia a la resurrección en tiempo presente, no en tiempo futuro, y significa "levantarse" o "destacarse".

Así podrías entonces traducir el versículo: "Quiero conocer a Jesús, el poder de su resurrección y la comunión de su sufrimiento, para poder dar a quienes están espiritualmente muertos un anticipo de la vida eterna en acción, mientras me levanto entre quienes yacen espiritualmente sobre sus espaldas". O así: "Mientras camino por sus calles, mientras entro a sus casas, a sus almacenes, a sus oficinas, mientras me mezclo entre los hijos de los hombres, quiero estar tan vivo para Cristo, ser tan especial para Él, que los demás puedan ver que soy alguien que vive entre los muertos".

Harold James fue un hombre que se levantó. Lloré cuando supe que había muerto. Yo amaba al hermano Harold. Él se salvó en mi iglesia hace muchos años, pero antes de eso era un cadáver, muerto en sus delitos y pecados. El Señor Jesucristo cambió a Harold e hizo que se destacara en el modo en que se puso de pie para Jesucristo.

Nunca pasé un domingo por las puertas traseras de la iglesia sin que Harold me diera un abrazo y una palabra de aliento. Nunca se conformó únicamente con estrecharme la mano. Durante un tiempo de oración, un día después de su muerte, escuché decir a alguien: "Dios, gracias porque Tom llegó a conocer a Jesucristo debido a la manera en que cambiaste a Harold James".

Extrañaré a Harold durante muchos años, pero sé exactamente dónde se encuentra. Ya está con el Señor Jesucristo, esperando la ceremonia de entrega de premios en la que recibirá su recompensa.

Quiero levantarme tanto para Jesucristo que también pueda ayudar a otros a levantarse. Quiero tener tantos individuos como sea posible levantados conmigo cuando Jesús venga. Quiero conocer a Jesús, como hizo Pablo, en una manera tan transformadora que modifique el mundo.

¡Que Dios nos ayude a todos a levantarnos! Un día cercano, todos *estaremos* delante de Él. Oro para que nos ayude a ponernos de pie ahora a fin de que podamos contar para algo ese día.

Apunta a la grandeza

Andre Ward alcanzó un record de 32-0 como boxeador profesional, pero a veces fue derribado. Quedó ensangrentado. Enfrentó algunas situaciones espantosas. La primera vez que peleó contra el peso semipesado Sergey Kovalev, el gran ruso tenía un récord de 30-0-1, con veintiséis nocauts. En 2011, Kovalev golpeó tanto a un adversario en el ring que el hombre murió poco después de sonar la campana.

Ward, al igual que muchos otros boxeadores, no tuvo una vida fácil. Su madre afroamericana batalló con una adicción a la cocaína y ayudó muy poco en los años de crecimiento de su hijo. Su padre blanco lo crio, pero tenía adicción a la heroína, se volvió vagabundo y finalmente murió de un ataque cardíaco. Ward manifestó: "Sé lo que es ser mestizo cuando ambas razas no te aceptan y tienes esa confusión de no sentirte aceptado. Te preguntas: '¿Quién soy?'".[12]

Un hombre llamado Hunter se convirtió casi en padre adoptivo para Ward durante la adolescencia del chico, y una vez le dijo: "No sé con quiénes estás codeándote, pero sé esto: Dios te ha puesto su mano encima, hijo. No vas a salirte con la tuya".

Ward llegó finalmente a la fe en Jesucristo y en forma personal recibió mucha ayuda de su pastor, el exdelantero de la NFL Napoleon Kaufman, para aprender a vivir. La placa del vehículo de Ward reza ahora "SOG", siglas en inglés para "Hijo de Dios".

Ward afirmó: "¿Qué estadísticas enfrenté? No debería haberlo alcanzado, pero con la gracia de Dios pude lograrlo".

En su carrera de boxeador, Ward apuntó a la grandeza y la consiguió. Declaró antes de sus últimas dos peleas: "Conozco a algunos de los grandes que me precedieron y que dijeron algunas de las mismas cosas que estoy diciendo, y terminaron sin fuerzas. Trato de evitar esos mismos demonios. Intento sacudirme esos fantasmas".

Creo que al apóstol Pablo le habría gustado ver pelear a este tipo. Andre Ward entendió. Dio lo mejor a su carrera de boxeador y ahora, por la gracia de Dios, quiere dar esa misma dedicación y compromiso a su comunidad, su familia y su iglesia. Por eso espero

---

12. *Ibíd.*, y así a lo largo de la historia de Andre Ward.

que Andre Ward tenga por delante una ceremonia de premiación mucho más grande, superior a todo lo que haya experimentado hasta ahora.

No nos vendría mal seguir su ejemplo.

12

HAZ AQUELLO PARA LO QUE FUISTE LLAMADO

Hace unos años mi esposa y yo fuimos a desayunar a un restaurante. Un hombre se acercó a nuestra mesa y dijo: "No quiero distraerlos, pero ¿pueden darme solo unos minutos? Tengo que contarles una historia". Entonces comenzó a llorar.

Pensé: *Oh, Dios, voy a tener una cita de consejería durante el desayuno en un restaurante.*

"Una noche en la iglesia usted nos dijo que debíamos ensanchar nuestros territorios —continuó el hombre—. Yo tenía un gimnasio completo y, en lo que a mí respecta, eso es lo que debía hacer. Pero Dios me presionó a hacer algo más".

El Señor le explicó que quería que usara su gimnasio para organizar Upward Basketball, un plan para alcanzar niños. Más tarde comenzó el programa, despegó y después hablé para él en una convención nacional de Upward Basketball.

Como resultado, en los últimos veinte años han pasado por Upward Basketball más de seis millones y medio de niños. Maneja entre cuatrocientos mil y quinientos mil niños al año y funciona en cuarenta y seis estados de Estados Unidos y en setenta y dos países. ¿Cómo ocurrió eso? Un mensaje en una reunión conmovió a un hombre, quien hasta aquí ha tocado a seis millones de niños y siguen aumentando.

¡Tu vida importa! Dios quiere *usarte* para conmover al menos a otra persona que pueda tocar a muchas más. ¿Qué te parece si esta semana, cuando estés lleno del Espíritu de Dios y en sintonía con Cristo Jesús, afectes la vida de alguien cuyo destino sea alcanzar a muchas otras personas?

¿Qué importancia está teniendo tu vida hasta aquí? ¿Está alguien yendo al cielo por tu testimonio de Cristo? ¿Has enriquecido la vida de alguna persona porque tu vida se ha enriquecido? ¿Se ha animado alguien porque te has convertido en un animador? Independientemente de tu pasado, Dios quiere usarte para conmover tu mundo.

¿Cuál es tu propósito?

Dios tiene un propósito específico para la vida de cada ser humano, además de nuestro llamado sublime a ser como Cristo. Mi propósito específico no es el tuyo, ni el tuyo es el mío. Por eso, no permito que nadie transfiera su visión o carga a mi vida.

En mis primeros días permití que la gente me intimidara para que intentara cumplir su visión o tomara su carga. Pero ya no soy tan inexperto; no permitiré que eso suceda nunca más. Intento mantener en mente lo que el apóstol Pablo enseñó en Filipenses 3:12-14:

> No que lo haya alcanzado ya, ni que ya sea perfecto; sino que prosigo, por ver si logro asir aquello para lo cual fui también asido por Cristo Jesús. Hermanos, yo mismo no pretendo haberlo ya alcanzado; pero una cosa hago: olvidando ciertamente lo que queda atrás, y extendiéndome a lo que está delante, prosigo a la meta, al premio del supremo llamamiento de Dios en Cristo Jesús.

Pablo tenía un profundo deseo de persistir, de seguir adelante hacia el propósito para el que Dios lo había asido. Hay algo seguro:

ninguno de nosotros seguirá tras algo para lo cual carecemos de deseo, y Pablo tuvo un deseo ardiente de cumplir el propósito que Dios tenía para él. Cuando dijo que quería "asir" el llamado de Dios en su vida utilizó una palabra que significa "atrapar". Piensa en un jugador de fútbol americano que corre hacia un adversario para enfrentarlo y "atraparlo". Al igual que ese jugador de fútbol, me gustaría capturar algunas cosas en mi propia vida y no estaré satisfecho hasta lograr lo que Dios me llama a hacer.

¿Qué está llamándote Dios a hacer? ¿Qué quiere el Señor que persigas en esta etapa de tu vida? ¿Te ha retado alguien a correr tu carrera tan duro como puedas?

Jimmy Draper, expresidente de la Convención Bautista del Sur y presidente emérito de Lifeway Christian Resources, escribió hace años un libro titulado *No te rindas antes de que termines*. Jimmy tiene ahora poco más de ochenta años. Cuando yo tenía más de treinta, me dijo: "Si el Señor sigue usándote, ¿llevarías contigo a la generación que te sigue?".

Me pregunté: *¿Qué significa eso?*

Con el tiempo descubrí lo que quiso decir. Para mí significó crear Timothy Barnabas School of Encouragement and Instruction, diseñado para ayudar a la siguiente generación de predicadores que vienen detrás de mí. Dios está permitiéndome entrenar hombres de veinte, treinta, cuarenta y cincuenta años. Él me ha permitido alcanzar cuatro décadas, y no tomo ese privilegio a la ligera.

Dios también quiere hacer algo especial contigo. Él no hace acepción de personas; solo está buscando tu disponibilidad. La pregunta es: ¿Con qué energía has decidido correr la carrera específica que el Señor te ha asignado?

Ninguno de nosotros ha llegado

Pablo comprendió que el trayecto hacia la semejanza a Cristo comienza con un sentido de sinceridad e insatisfacción santificada.

Reflexiona en lo que escribí un día después que leí las palabras del apóstol en Filipenses:

> Pablo está recordando el inicio de su carrera. Creo que sé lo que pasaba por su mente: *El camino a Damasco, el día en que el Señor lo asió.* Él vio a Jesús como el iniciador y terminador de la carrera. Me encanta el pasaje que dice: "Nosotros también, teniendo en derredor nuestro tan grande nube de testigos, despojémonos de todo peso y del pecado que nos asedia, y corramos con paciencia la carrera que tenemos por delante, puestos los ojos en Jesús, el autor y consumador de la fe" (Hebreos 12:1-2).

Tanto Pablo como el escritor de Hebreos usaron la analogía de un corredor para describir el crecimiento espiritual del cristiano. Pablo reconoció que aún no había llegado a la meta final, que aún no había logrado todo lo que se le había encargado que hiciera en su vida. Agradezco que el apóstol hablara de esto, porque si conoces sus escritos, las metas de su vida, su compromiso, su pasión, su transparencia, su sinceridad y su sensibilidad, también sabes cuánto lo ha admirado siempre la Iglesia. ¿Cuántos libros se han escrito acerca de Pablo y su extraordinaria vida? Es asombroso. Sin embargo, leemos estos versículos y decimos: "¿Quieres decir que *él* aún seguía creciendo también?".

En realidad, sí. Pablo insistió: "Todavía no me he perfeccionado". Una de las características principales de la madurez cristiana es saber que no eres perfecto, que aún estás en el proceso. Pablo nos ofreció una evaluación sincera de su propia condición espiritual.

¿Dónde dirías que estás en tu caminar con Jesús? ¿Cómo evaluarías tu actual condición espiritual? Independientemente de los resultados de tu evaluación, te recuerdo que Pablo admitió ante la iglesia, y ante nosotros, que en su vida había espacio para más desarrollo. Al menos cuatro cualidades y prácticas caracterizaron al apóstol en su búsqueda de desarrollo espiritual.

La disposición de aprender

¿Tienes disposición de aprender? Ninguno de nosotros sabe todo lo que debe saber y ninguno de nosotros pone en práctica todo lo que ya sabe. Al igual que Pablo, debemos seguir creciendo en ambos aspectos. Me encanta la escuela dominical. Espero con ansias todos los domingos para asistir a mi clase de escuela dominical a las 8:00 de la mañana. Cada semana me gusta sentarme a aprender de un maestro dotado y permitirle que me hable la Palabra de Dios. Mantenerme dispuesto a aprender me ayuda a seguir creciendo en Cristo. Aprender de otros me ayuda a seguir avanzando.

Si quieres lograr lo que Dios te llamó a hacer, disponte a aprender. Cualquiera que cree que ha llegado, está muerto al llegar. Si vas a seguir ayudando a otros, tienes que seguir creciendo.

Vigilancia

Las Escrituras nos instruyen a estar "alerta". La palabra habla de una vida bien equilibrada y autocontrolada. Más literalmente se refiere a alguien que se abstiene de consumir bebidas alcohólicas. Ser vigilante proporciona claridad mental y juicio sano, lo cual el alcohol destruye. Así que mientras vivas y sirvas al Señor de alguna manera, debes mantener seriedad de propósito.

¿Tomas en serio la vida? ¿Tomas en serio a Dios? Un día comprenderás que Randy Alcorn tenía razón cuando dijo que el instante en que mueras sabrás exactamente cómo debiste haber vivido.

Aflicción

Cuando la situación se pone difícil, y así sucederá, no te rindas. Resistir forma carácter sólido. No te rindas solo porque tus sentimientos estén heridos. No renuncies a tu matrimonio solo por desacuerdos matrimoniales. No dejes de asistir a la iglesia porque alguien dijo algo que no te gustó. No dejes de obedecer a Dios cuando te disciplina.

Evangelización

Pablo le dijo a Timoteo: "Haz obra de evangelista" (2 Timoteo 4:5). Es más, todo cristiano tiene el llamado de testificar con su vida sobre la obra de Jesús. Si no intentamos ganar almas para Cristo, ¿quién lo hará? Dios te ha puesto donde pueda usarte más para alcanzar a otros. Tal vez seas el único cristiano que algunas personas conozcan.

No quedes atrapado en tu pasado

Si quieres avanzar en tu trayecto para ser más como Cristo Jesús, debes tratar a menudo con algunos asuntos de tu pasado. Pablo escribió: "Una cosa hago: olvidando ciertamente lo que queda atrás...".

Podrías decir: "Eso es más fácil decirlo que hacerlo", y tienes razón. Pero no tienes otra opción si quieres seguir adelante.

No quiero pasar el resto de mi vida hablando de dónde me hirieron y quién me hirió. No quiero pasar horas escuchando dónde me equivoqué o me salí del camino. No quiero hablar incesantemente de lo que me ha impedido seguir adelante. Al igual que Pablo, quiero olvidar lo que queda atrás para poder seguir avanzando. Eso no significa que deba adquirir la capacidad de no recordar. Significa que, con el Señor Jesús, tengo la capacidad de no permitir más que el pasado influya negativamente en mí.

¿Recuerdas a José? Antes de convertirse en la mano derecha del faraón soportó muchos años de prueba, dificultad y dolor. ¿Crees que él se esforzó por olvidar esos años, por obligar a fallar a su memoria? En realidad, hizo lo contrario. Así declaró: "Pondré nombre a mis hijos después de mi tristeza". José llamó Manasés a su hijo primogénito (Génesis 41:50). En hebreo, *Manasés* significa "volverse olvidadizo". ¿Qué clase de nombre es ese? José no nos deja preguntándonos, ya que explicó: "Dios ha hecho que me olvide de todos mis problemas, y de mi casa paterna" (v. 51, NVI).

José no quería que los hechos se borraran de su memoria, pero sí quería que Dios quitara de ellos el aguijón para que no quedara ninguna amargura. De este modo, José conquistó la tentación de desarrollar un espíritu mezquino. No permanecía despierto en la noche, observando videos mentales de dolor. En lugar de eso declaró: "Hola, Manasés, déjame abrazarte".

Cuando vino un segundo hijo, José lo llamó Efraín. En hebreo, Efraín significa "fructífero". Después que nació el niño, José manifestó: "Dios me hizo fructificar en la tierra de mi aflicción" (v. 52).

Si no puedes llevar tu pasado a la cruz (tanto los fracasos y las heridas como los éxitos y triunfos) entonces contristas al Espíritu de Dios. José sintió profundamente su pasado y recordaba claramente lo que le había sucedido, pero no permitió que nada de eso empañara su presente o su futuro. José obtuvo todo: lo bueno y lo malo, lo doloroso y lo alegre, mientras se negó a permitir que algo de esto limitara lo que Dios quería hacer *ahora* en su vida. "Olvidar" el pasado significa negarte a permitir que influya o te afecte negativamente.

Los logros también pueden detenerte. Conozco muchos hombres que han permitido que el éxito les impida ser lo que Dios los llamó a ser. Olvida *todo* eso. Corta las cadenas que te mantienen encadenado al pasado.

Cuando permites que tu pasado te paralice, cuando te enfocas en las cosas desagradables que has hecho o en las buenas que no hiciste, sigues dejando que eso sea lo que te domine. ¿Por qué querrías que te controlara algo que ni siquiera te gusta?

Invita a tus fracasos a enseñarte, pero no permitas que te aterroricen. No dejes que tu pasado te distraiga ni permitas que debilite tus esfuerzos actuales.

Oswald Chambers escribió: "Deja el pasado irreparable en las manos de Dios, camina dentro de un futuro irresistible con Él". ¿Qué quiere Dios que hagas que todavía no has logrado? En lugar de pasar todo tu tiempo lamentando lo que has hecho o lo que no has logrado, ocúpate en hacer algo interesante que Dios tiene en mente hoy día para ti.

Ganancia en la última parte de la vida

El promedio de vida de un hombre en los Estados Unidos es de 78.6 años. Eso significa que la segunda parte de tu vida termina a los 39 años. A los 58.5 entras a la cuarta parte. Has entrado en la última parte de tu vida. Ya no puedes volver atrás.

Dos de mis mentores murieron más jóvenes que el promedio nacional. Adrian Rogers partió a los 74 años y Jerry Falwell a los 73. Otro amigo, Wayne Barber de Precept Ministries, estaba sentado en una silla una noche en una habitación de hotel, con su esposa cerca, cuando partió de esta vida a los 73 años de edad.

En el fútbol americano, la mayoría de los juegos se ganan en el llamado cuarto período. Eso también es cierto en la vida cristiana. Podríamos correr bien durante años, yendo tras todas las cosas correctas. Pero, a medida que nos acercamos al final de nuestra vida, el enemigo intenta que nos relajemos. En un momento crítico cualquier cosa que nos haya estado persiguiendo puede atraparnos y derrotarnos. Si un individuo de Dios deja algún día de seguir tras lo correcto, puede quedar atrapado por aquello que está detrás de él y así perder la recompensa al final de la carrera.

Cuando llegue el final para mí, y ninguno de nosotros sabe cuándo será, quiero terminar con gozo, energía y entusiasmo. No quiero simplemente atravesar cojeando la meta. Quiero avanzar y vivir hasta mi último aliento por el propósito de mi vida.

Todos fuimos creados a imagen de Dios y para los propósitos divinos. El Señor quiere recibir gloria a través de nosotros. Desea que las demás personas vean nuestras buenas obras y den gloria a Dios. Cuando hacemos lo correcto, Dios recibe la gloria a través de nosotros.

Pablo vivió con esa convicción. Sabía que no le quedaba mucho tiempo de vida cuando escribió 2 Timoteo, pues subrayó: "Ya estoy para ser sacrificado, y el tiempo de mi partida está cercano" (2 Timoteo 4:6). Vio su muerte inminente como una partida, una salida.

La palabra traducida "partida" es un término de prisionero. Significa "liberar". Desde la perspectiva de Dios, Pablo enfrentaba liberación, no ejecución. El emperador Nerón dijo: "Voy a matarlo". Jesucristo objetó: "Voy a llevarlo a casa".

Este también es un término usado por los agricultores. Se refiere a desenganchar los bueyes después de una larga y difícil jornada de trabajo.

También es una palabra de soldado. Cuando llegaba el momento en que un ejército salía de un campamento y desmontaba las tiendas, el término indicaba: "Es hora de marchar".

Es también una palabra de marinero. Se refería a desamarrar un barco para que pudiera levar anclas y salir al mar. Pablo sabía que estaba a punto de zarpar hacia el océano de la eternidad.

Por último, es una palabra de filósofo que significa "desenmarañar". ¿Cuántas veces nuestros corazones se han sentido perturbados y nuestras mentes paralizadas ante el desconcierto que nos causan los enigmas de esta vida? Pablo estaba a punto de desenmarañar por completo esos misterios.

El apóstol me recuerda a Caleb en el Antiguo Testamento. Cuando Caleb se alistaba para terminar su carrera, quiso al final lo mismo que deseó al principio. Cuatro décadas y media después que Dios enviara al desierto a los israelitas rebeldes, los hijos de estos rebeldes se preparaban para entrar por fin a la tierra prometida. Caleb declaró: "Hoy tengo ochenta y cinco años, y estoy tan fuerte como cuando empecé. Dame ahora esta montaña" (véase Josué 14:10-12). ¿Sabes quiénes vivían en esa montaña? Gigantes feroces, aterradores y hostiles. Caleb estaba diciendo: "Quiero matar un gigante" en lugar de: "Quiero comprar una casa rodante y viajar durante algunos meses por tierra santa".

Dudo que hoy yo sea tan fuerte como hace cuarenta y cinco años. En estos días tardo más tiempo en recuperarme. Aún puedo caminar diez kilómetros en un día y sentirme bastante bien al día siguiente, pero no puedo correr esos diez kilómetros. Todavía tengo mucha energía, pero no como cuando tenía veinte. Aunque dudo que esté tan fuerte como en mis inicios, sé que soy más sabio. Y estoy ansioso por continuar el viaje.

¿Cuánto tiempo has estado en tu viaje? ¿Qué querías cuando empezaste a caminar con Jesús? ¿Querías que fueran salvos todos los miembros de la familia? ¿Ansiabas que tu ciudad se volcara hacia Dios? ¿Algo más? Si tus sueños que honraban a Dios cambiaron, ¿qué te desvió?

Comienza con el final en mente

Una de las principales declaraciones de liderazgo es que siempre debes comenzar con el final en mente. Tu edad no importa; comienza con el final en mente. Jesucristo fue pionero en este enfoque. El Señor se quedó con lo que comenzó.

¿Sabías que Jesús empezó su ministerio público al bautizarse? Él vino de Galilea y fue directo al río Jordán para ser bautizado por Juan. ¿Por qué el bautismo? Juan hizo la misma pregunta. "Yo necesito ser bautizado por ti, ¿y tú vienes a mí? Pero Jesús le respondió: Deja ahora, porque así conviene que cumplamos toda justicia" (Mateo 3:14-15).

Esta acción inicial del ministerio de Jesús ejemplifica tanto el propósito final de su venida como su último acto de ministerio terrenal. Jesús comenzó con el final en mente. Cuando Juan lo sumergió en las aguas del Jordán, este hecho ilustró la muerte de Cristo; Jesús fue sepultado mediante el bautismo. Pocos momentos después, cuando Jesús salió de esas aguas, representó su resurrección de entre los muertos.

¿Qué te gustaría lograr para Cristo al final de tu viaje? ¿Qué final tienes en mente? ¿Cómo podrías aumentar tus posibilidades de triunfar?

Procura que tus últimos años sean los mejores

El líder de una iglesia muy influyente me dijo un día: "El período más importante de tu vida, si te mantienes sano y dedicado a Dios, es a los setenta años. Las personas en sus setenta ejercen una influencia más significativa en el mundo que cualquier otra persona".

¿Sabes cuál es, según mi amigo, la segunda temporada más importante de tu vida? Los sesenta.

Hace un par de años me reuní con un grupo realmente estupendo de hombres, todos líderes maravillosos, incluido uno que dirige un próspero ministerio nacional. Cuando me preparaba para la reunión cené con este hombre.

—Tengo sesenta y un años, y estoy lidiando con lo que sucederá en los próximos diez años de mi vida —declaró mirándome a los ojos.

Este hombre es un golfista fenomenal, algo que yo no soy. Incluso ganó un evento en el Senior Tour. Puede jugar a gran velocidad; sin embargo, en un tono muy emocional se dirigió a mí.

—Johnny, estoy pensando en tirar mis palos y ya no jugar más.

—¿Cómo? ¿Qué quieres decir? —pregunté.

—No lo sé —respondió—. Simplemente estoy luchando con los próximos diez años.

Pensé: *Bueno, eso es algo. Estoy preparándome para organizar una reunión sobre "Los próximos diez años" con una docena de los mejores líderes que Jesús ha puesto en mi vida. ¿Qué está pasando aquí?*

Quiero plasmar los últimos años de mi vida para bien. La Biblia dice: "Escucha el consejo, y recibe la corrección, para que seas sabio en tu vejez" (Proverbios 19:20). Tus mejores días deben ser tus últimos días.

No se trata de si tienes la energía que tenías "entonces". Tampoco se trata de si tienes la fortaleza física, la resistencia o incluso la vista o el oído que solías tener. Es llegar a conocer mejor al Señor Jesús y ser más como Él. El hombre exterior perece, y siempre sucede así desde la caída. Pero yo me renuevo de día en día en el hombre interior. Por tanto, si me fortalezco interiormente, ¿qué está diciendo entonces el Espíritu Santo a mi hombre interior respecto a estos últimos días? ¿Qué quiere que yo haga?

Hace más de dos décadas me hallaba en la oficina de Adrian Rogers.

—¿Cuántos años tienes? —me preguntó.

—Doctor Rogers, acabo de cumplir cuarenta —contesté.

—Amigo, ya estás listo para empezar —replicó.

Para entonces yo ya había pastoreado durante diecisiete años, y creo que él lo sabía. Adrian habló con extraordinaria sabiduría.

Dios quiere bendecir tu vida con el fin de usarte para fomentar el crecimiento de los demás. Quiere usar cualquier éxito que hayas conocido, cualquier experiencia que hayas tenido, como una plataforma para ayudar a otros a triunfar.

La canción "Encuéntranos fieles" me recuerda seguir el ejemplo de mis mentores para poder dejar una herencia de fidelidad a Cristo. Ah, ¡ojalá quienes nos siguen nos encuentren fieles! Que nuestra influencia inspire a otros a creer y obedecer.

¿Qué está diciéndote el Espíritu? ¿Cómo puedes escuchar el consejo *ahora mismo* para que en tus últimos días puedas ser sabio? ¿Qué puedes hacer hoy para que tus últimos días sean los mejores? ¿Qué debes cambiar para ser más como Jesús en el capítulo final de tu vida?

El tribunal de Cristo

Martín Lutero declaró: "Solo hay dos días en mi calendario: Hoy y aquel Día". "Aquel Día" se refiere a cuando "todos nosotros comparezcamos ante el tribunal de Cristo, para que cada uno reciba según lo que haya hecho mientras estaba en el cuerpo, sea bueno o sea malo" (2 Corintios 5:10). Es evidente que Lutero reflexionaba en el final de su viaje.

Observa que no seremos juzgados por lo que *sabemos*, sino por lo que *hacemos*. Un hombre puede saberlo todo y no hacer nada. Lo determinante no es la verdad que sabemos, sino la verdad que obedecemos. Jesús no emitirá su juicio basado en quién está en la marcación rápida de tu celular o quién te hace una llamada, sino en lo que hiciste con tu vida.

Algo de ese hacer nos costará. Años antes de escribir 2 Timoteo, Pablo les dijo a los filipenses: "Me alegraré aun si tengo que perder la vida derramándola como ofrenda líquida a Dios, así como el fiel servicio de ustedes también es una ofrenda a Dios" (Filipenses 2:17, NTV). Tales palabras se parecen mucho a las de 2 Timoteo 4:6, con una gran diferencia: en Filipenses son condicionales e hipotéticas. La ofrenda podría suceder o no. Pero en 2 Timoteo las palabras son tanto categóricas como reales. Pablo había llegado al final de su viaje.

Es más, el apóstol veía toda su vida como ofrenda líquida derramada en servicio sacrificial a Dios. La ofrenda líquida descrita en Números 15 era el acto final en una ceremonia antigua de pacto sacrificial. Pablo estaba diciendo: "Aquí, en este último capítulo de mi vida, quiero derramar todo en servicio sacrificial para Jesús". Este pensamiento en realidad alegraba al apóstol. Pablo esperaba que este capítulo final de su vida fuera el mejor.

Un amigo mío casi muere en Vietnam. Aunque conocía al Señor, no estaba donde sabía que debía estar. En una trinchera gritó: "Dios, no me dejes morir en esta condición". Ese hombre, Bobby Welch, se convirtió en uno de los principales pastores en esta nación, presidente de nuestra denominación y apasionado ganador de almas. Nunca ha olvidado ese incidente del tiempo de guerra.

Si Dios te llevara hoy a casa, ¿estarías preparado? ¿O no querrías morir en tu condición actual? Solíamos entonar una canción que decía que nadie debería enfrentar a Jesús con las manos vacías.

Cuando yo era más joven tenía más audacia. Recuerdo el día en que me hallaba en un muelle de carga para Jacoby Hardware. Un camionero conocido se me acercó mientras yo entonaba una canción antigua acerca del regreso del Señor.

—¿Qué estás cantando, Johnny? —preguntó.

—Qué hermoso día para que el Señor regrese —contesté.

—Oh no, no lo es —cuestionó.

—Creí que dijiste que eras cristiano.

—Lo soy, pero no quiero que venga hoy. No estoy preparado para que Él venga hoy.

Todos deberíamos vivir como si Jesús fuera a venir hoy. Pronto Él *vendrá*, aunque ninguno de nosotros sabe el día ni la hora de su llegada. Sin embargo, sí sé que algún día te encontrarás con Él. Incluso si no viene por ti en las nubes, te llamará para que le rindas cuentas de tu vida. Ninguno de nosotros sabe esa fecha u hora.

El ministerio de Pablo había comenzado treinta años antes, en el camino a Damasco, y terminaría en una cárcel en Roma. El momento en que saliera de la carrera aquí en la tierra esperaba estar con Jesús en el cielo. Aunque habló de su "partida", a Timoteo le dijo: "Mantente vigilante" (2 Timoteo 4:5, NBV). ¡Qué gran contraste! Mientras el apóstol se preparaba para partir, alentaba a los que lo seguían.

Mientras escribo, estoy en mis sesenta, lo cual significa que tengo más vida detrás de mí que por delante. Quiero que Dios siga usándome, manteniéndome con energía y quiero seguir sirviéndole. Quiero terminar bien. Si muriera en África y me hicieran un funeral africano, ¿sabes qué dirían acerca de mí? Cuando un cristiano muere allá, los creyentes dicen: "Llegó", no dicen "Se fue".

Cuando yo muera, dondequiera que suceda, espero que mis amigos digan: "¿Has oído hablar del pastor Johnny? Llegó". ¿Cómo puede tu vida ayudar a la generación que viene detrás de ti? ¿Cómo quiere Dios que te inviertas en la vida de ellos? ¿Cómo puedes prepararte para terminar bien? Cuando "llegues", ¿qué esperas que digan tus amigos acerca de ti?

No la hagas aburrida

La vida cristiana es dinámica, gloriosa y maravillosa, pero algunos de nosotros hacemos todo lo posible para que sea aburrida. Amigo mío, despierta a la realidad de quién es Dios. ¡Enamórate de Él! Cuando lo hagas, tu vida cambiará para bien y para su gloria.

Haz lo que fuiste llamado a hacer. Cumple tu ministerio. Alcanza tu potencial dado por Dios. Me encanta la frase corta de Charles Spurgeon: "Hemos juzgado mal nuestra capacidad dada por Dios". Es fácil perderse todo lo que Dios puede hacer con solo un hombre que se dedica a amarlo y servirle. ¿Qué podría hacer Dios contigo si te dedicaras a conocerlo y amarlo?

Ya que es un largo camino desde aquí hasta donde Dios quiere llevarte, vive obedientemente. Cuando preparamos pastores en nuestro Timothy Barnabas School, enseño una lección sobre cómo quiere Dios que nuestros últimos años sean los mejores. Docenas de predicadores me han escrito para decir: "Casi me había retirado del Señor. Y ahora estoy empezando a ver que mis mejores años pueden estar allí delante de mí".

Los tuyos también.

Epílogo

JUEGA PARA GANAR

U n entrevistador les preguntó una vez a cincuenta personas, todas de más de noventa años: "Si pudieras vivir de nuevo, ¿qué harías de manera diferente?". Tres respuestas se mantuvieron a la cabeza:

- Reflexionaría más.
- Me arriesgaría más.
- Haría más cosas que sobrevivieran después de mi muerte.

Se cuenta que Leonardo da Vinci dijo: "Evita esos aprendizajes en los que el trabajo que resulta muere con los obreros". Todos los obreros de Dios mueren, pero tenemos el privilegio mientras estamos vivos de hacer una obra que nunca muera.

¿Quieres saber por qué soy tan apasionado en cuanto a vivir para Jesucristo? Es porque sé que lo que estoy haciendo nunca muere. Dwight L. Moody, quien ya lleva con el Señor más de ciento veinte años, expresó en cierta ocasión: "Solo soy uno, pero soy único. No puedo hacer todo, pero puedo hacer algunas cosas, y lo que puedo hacer, por la gracia de Dios lo haré".

Escucha, si estás respirando, tus mejores años todavía pueden estar por delante de ti. Rusty Rustenbach declaró: "Tú y yo vivimos en una época en que solo una rara minoría de individuos desea pasar la vida en búsqueda de objetivos que sean más grandes que ellos".

Cuando muera la mayoría de personas de nuestra era, será como si nunca hubieran vivido. El promedio de cristianos simplemente merodea, contentos de tener una política de escalera de incendios: "Soy salvo. Estoy feliz de no ir al infierno". ¡Me niego a dejar que eso me ocurra! Me niego a morir y dejar que sea como si yo nunca hubiera existido. Tengo mucho por hacer en la vida antes de llegar allí y disfrutar la vida del Señor. Quiero jugar para ganar. No tengo ningún interés en solo jugar.

Hace poco leí una afirmación contundente de un escritor anciano: "Cuando llegues a mi edad, quizá tengas algunos días más, pero ya no tienes muchos años más". Como no tengo muchos más años, quiero jugar para ganar en el tiempo que me queda.

¿Dónde te encuentras en tu caminar con el Señor? ¿Lo conoces y lo amas más que hace un año, cinco años o veinte años? El cristiano maduro se evalúa sinceramente y se esfuerza por mejorar. Stewart Johnson manifestó: "Nuestra obligación en la vida no es adelantarnos a los demás, sino adelantarnos a nosotros mismos. Romper nuestros propios récords. Superar nuestro ayer con nuestro hoy. Hacer nuestro trabajo con más ánimo que nunca antes".

¿Qué puede estar llamándote el Señor a hacer con el resto de tu vida? No tengo idea, pero me encanta esta frase de John Maxwell: "No sabes lo que puedes hacer hasta que haces todo lo posible por saberlo". En mi propia vida hice todo lo que se me ocurrió hacer para llevar a Cristo Jesús a mi mejor amigo. Esa es una historia digna de contar, aunque sucedió hace muchos años.

Un camino largo y sinuoso

Cuando fui salvo, mi mejor amigo era Donald Pope. Yo quería que Donald se salvara, por lo que le testifiqué. Lo llevé a una cruzada de Billy Graham. No recuerdo lo que el doctor Graham dijo, porque estuve orando todo el tiempo para que Dios salvara a Donald.

Pero no fue salvo.

Donald nunca me había oído predicar y, cuando como estudiante de seminario me llamaron para ser el pastor de la Falls Baptist Church en Wake Forest, Carolina del Norte, lo llamé.

—Donald, voy a predicar ahora en tu comunidad. Me gustaría que vinieras a escucharme —le dije.

—Por supuesto —contestó—. Debbie y yo iremos a escucharte el domingo de Pascua.

Me emocioné y llamé a muchos amigos cristianos porque creía que Dios se mueve en respuesta a la oración.

—Oren por Donald y Debbie Pope —les dije—. Oren pidiendo que Dios los salve. Estarán aquí en Semana Santa, así que oren para que Dios los salve.

Los Pope llegaron en Semana Santa y prediqué con todas mis fuerzas. Al final del culto hice una invitación. Ninguno de los dos pasó al frente. Me sentí muy desilusionado, pero decidí llamarlo esa tarde.

—Donald —dije—, ¿disfrutaste el culto de hoy?

—Amigo, vaya que lo disfruté —contestó.

—Bueno, Donald, seré sincero contigo, amigo. Estuve orando por ti y me preguntaba: ¿Sentiste algo cuando hice la invitación? ¿Algo como que deberías haber pasado al frente y haber entregado tu vida a Cristo? ¿O que quizás ustedes dos necesitaban lo que prediqué?

Nunca preví su respuesta.

—Sí —contestó—, para ser sincero contigo, eso sucedió. Yo estaba realmente conmovido. Pensé incluso en dar el paso.

Me preparé para gritar: "¡Aleluya!" y "¡Alabado sea Jesús!".

—Bueno, ¿cómo te sientes al respecto? —pregunté entonces.

—Lo superé —dijo Donald—. Lo superé.

Muchos meses más tarde, cuando se suponía que yo fuera a hacer algunas visitas matutinas al hospital, me quedé en casa.

—Voy a salir —le dije a mi esposa cuando se disponía a ducharse.

Pero para cuando salió de la ducha todavía me hallaba en casa.

—Pensé que ibas a salir —me dijo.

—Saldré en un minuto —contesté—. No sé por qué, pero no siento que deba irme ahora.

Justo en ese momento sonó el teléfono. Era Donald. Durante siete años había estado tratando de vivir mi fe delante de él y hablarle de Jesús. No tuve que adivinar la razón de su llamaba.

—Estoy enfermo y cansado de vivir así —confesó—. Quiero que vengas y me hables de Cristo.

Prácticamente volé allí y llevé a mi mejor amigo a la fe en Jesucristo. Una cosa es cuando Dios cambia tu vida, pero cuando Dios también cambia a las personas que te rodean (personas difíciles, como tú) es algo especial.

No mucho después Debbie se sintió muy emocionada por la decisión de Donald.

—Yo quiero hacer el mismo compromiso —declaró.

Los bauticé juntos.

¿Quién en tu vida necesita que le hables de Jesús? ¿Cómo podría el Señor querer usarte para que lleves a ese hombre o esa mujer a la familia de Dios? ¿Ves el fruto del Espíritu creciendo en tu vida? ¿Ha saboreado esa persona por sí misma algo de ese fruto? ¿Estás volviéndote cada vez más como Jesucristo, de modo que otros deseen lo que tienes?

No solo que Dios salvó a Donald, sino que también llamó a mi mejor amigo a predicar. Él fue al Seminario Teológico Bautista en Tennessee y comenzó un programa de ministerio en la Iglesia Bautista Belleview, donde servía el pastor Adrian Rogers. Debbie me contó que, bajo el ministerio del doctor Rogers, tuvo la profunda convicción de que ella nunca había sido realmente salva. La sensación de convicción aumentó tanto que después de cada culto, cuando los Pope iban a casa, ella le decía a Donald que quería ducharse. Necesitaba un lugar para llorar sin que su esposo lo supiera.

—Yo tenía miedo de lo que sucedería si admitía que no era salva —confesó—. Era la esposa de un ministro y pensaba que metería en problemas a mi esposo. ¿Cómo puede un predicador empezar su ministerio cuando ni siquiera su esposa está convertida de veras?

Debbie permaneció por un tiempo con este problema. Semana tras semana seguía duchándose, hasta que ya no pudo soportar más. Finalmente, una noche habló con su esposo.

—Donald, nunca he sido salva. Hice una decisión por Jesús solo porque tú la hiciste. Has cambiado de veras, pero en lo profundo de mi corazón yo nunca he cambiado realmente.

Esa noche, Donald llevó a su esposa a la auténtica fe en Cristo y el fruto del Espíritu pronto comenzó a brotar, florecer y crecer en la vida de Debbie. Al poco tiempo, ella se convirtió en una ganadora de almas y corazones. Te habría importunado con su manera de ganar almas, pues se volvió muy fuerte en la evangelización. En su iglesia se convirtió en "consejera de altar" y, cuando alguien se presentaba después de un culto y declaraba: "Simplemente vengo a cambiar mi membresía", ella contestaba: "Bueno, cuéntame tu historia".

Le daba un informe, pero ella lo presionaba: "¿Estás seguro de tu salvación?". Debbie quería escuchar en particular cómo Dios había salvado a ese individuo. Muchas veces resultaba que la persona no conocía realmente a Jesús como Salvador y Señor en absoluto, y Debbie hacía lo posible por llevarla a la fe en Cristo.

Dios nos llama a todos a ser embajadores de Cristo. Nos da instrucciones de estar siempre listos para responder a todo aquel que nos pregunte por qué tenemos esa esperanza. Cuando cimentamos nuestras vidas en Cristo Jesús, cuando permanecemos en Él, llevamos el fruto del Espíritu y día a día permitimos que Dios nos transforme a la imagen de Cristo, preparándonos para tener mayor influencia en el único juego que realmente importa.

No tontees.

Juega para ganar.